數位浪潮

科技，衝擊制度文明

前言

近期，人工智慧聊天機器人 ChatGPT 問世，更是引爆新一波時代革命，微軟創辦人比爾蓋茲（Bill Gates）就指出，人工智慧（Artificial Intelligence, AI）的不斷創新，將改變世界。AI 所蘊含的潛能與機會，帶給人類社會非常大的政治難題；當 AI 為人類做更多決策時，在演算法驅動下，如何確保能本於人類精神的合乎道德，並減少誤判受騙的可能性、侷限思想，是一大難題。

處於網路浪潮中的今時今日，互聯網平台作為連接數位經濟、媒體資訊與終端使用者的主要渠道，逐漸發展出超越國家的力量，不僅入侵日常生活，更改變既有商業模式，一波一波的數位浪潮，衝擊既有的制度與文明，並就此改變各個產業生態。

在看似便利的科技發展背後，一連串蝴蝶效應正悄然發生，舉凡經濟運作、社會發展、人文思潮，面臨前所未有的挑戰。

有感世界局勢變化，基金會掌握趨勢，以長鏡頭角度提出疑問，延續二〇一九年出版的《承擔與試煉》一書之觀察，持續關注全球問題，在疫情、戰爭、經濟變化莫測中，結合諸位產官學專家建言，在關鍵的年代跨世代、跨領域，共同務實面對未來難題，翻轉思維、長遠佈局。

本書以數位時代中的地緣政治與政經局勢，作為開頭；二〇一九年末爆發的新冠疫情，徹底改變人類生活，全球經濟局面也受到影響，通膨陰影如影隨形，反全球化、反貧富差距的抗議在各地上演，而且愈來愈嚴重，傳統西方民主制度，受到嚴重的衝擊。在複雜背景下，美中兩強相互對抗、壁壘分明情況日益嚴重，美國更於二〇二〇年八月，正式簽署《晶片與科學法案》（Chips and Science Act），地緣政治風險浮出檯面，讓歐洲、亞洲各國領導人們，帶來如何選邊站的考驗。

專題一紀錄二〇一九至二〇二一年，三場探討科技發展下國際局勢會議，分別為：「全球化衝突下的科技與民粹」、「綜觀TIFA」、「中美對峙下的全球新規」。由公平正義的角度切入，看台灣在世界動盪變化中，怎樣掌握發展優勢，扮演關鍵角色，以在兩岸關係及整體國家利益取得平衡點；當下一個時代篇章即將開啟時，處於美中兩強爭霸的風口浪尖，突破外交困境，爭取到一席之地。

上述的科技發展充斥機會與危機，網路帶來的各種問題，更成為本世紀不得不面對的難題之一。媒體型態改變、文化傳統式微等眾多社會問題，在資訊速食化、真偽難辨的時代，盲從的個人主義取代理性溝通，同溫層現象越來越明顯，身為台灣人，我們引以為傲互助互信的人情味，亦恐不復存在。

文學評論家愛德華．薩伊德曾說：「知識分子是一位面向權威、運用語言說出真話的作者。而他說出真話的方法是爬梳另類資源，打撈湮沒的文件，復原被遺忘或被拋棄的歷史。」，在科技巨浪沖擊中，怎麼打破既有框架，重塑公民價值找回，社會、媒體、個人的價值，是身處變動時刻的你我，共同所需面臨的挑戰。

二〇二〇年肖莎娜・祖博夫（Shoshana Zuboff）所著作的《監控資本主義時代》出版，探討凌駕於傳統經濟生產型態之上的「知識經濟」，開始漸漸剝奪人類自決意識與權利，人類失去自主性，如被蜂巢般的豢養與監控；可預測的集體秩序失序，如何因應？值得所有人一同關心。基於本書的宏觀視野，「數位經濟與資本市場監控」、「網路世代下的文化衝擊與蛻變」因應而生，集結成本書的第二篇章。

整合國際局面，直面數位難題，那瞬息多變的數位趨勢，又該如何掌握？從台灣角度來看，過去從李國鼎、孫運璿時代開始累積半導體與PC的科技量能，於疫情衝擊這段期間，迎來一段時間需求高峰，但在前端科技發展發快下，產業倘若錯失良機，無法體現價值與扮演角色，未來所面臨到的挑戰可能更加險峻。

二〇二二「再談數位時代」與二〇二三「國際智慧財產最新趨勢及因應」作為壓軸，以國際視野，從政府、企業、媒體、民間等面向，掌握最新數位治理、智慧財產營運關鍵等重要議題。透過他山之石，借鏡德國、美國、日本、台灣等頂尖專家，解析國際最新議題，在大國相爭中間，尋求勝出的解方。

本書記錄了新冠疫情以來至今的世界局勢變化，由數位科技的觀點切入，追蹤經濟、政治、社會、人文的困境與機會，提供不同世代的你我，能理性觀察、相互對話的機會；從專業視角出發，共同承擔公民責任，以實際行動為台灣未來出一份心力，展現國家韌性，迎接新時代帶來挑戰與變革。

序

史欽泰（前工研院院長、余紀忠文教基金會董事）

數位時代革命，來自於半導體產業的的創新，例如 IC 製造、網路資通訊的發展；二戰以後，全球經濟在科技更迭下不斷成長，數位創新與研發，成為歷久不衰的話題。

本書要探討過去這幾年，新冠疫情、中美對抗、供應鏈斷鏈的多重影響下，人工智能、5G、6G 的研發成為燃料，數位轉型開始加速，面對來勢洶洶的 Web3.0 革命，該如何面對多元挑戰？數位浪潮大範圍衝擊生態環境，無論在政治的、經濟的、社會的、文化的層面，都受深遠的影響；面對數位應用不斷推進，政府應有更前瞻的佈局，對衝擊社會、文化、個資、人權等問題，科法專業研究更須調適、提升，讓民眾有更公允保障。

特別是去年年底，ChatGPT 橫空出世，仰賴高效能的晶片、大數據分析，相關應用與影響，還在延燒。由此可以看到科技發展過程中，所帶來的三個影響：

1. 經濟產業：除傳統認知的經濟發展外，AI 更能廣泛運用在衛生、醫療、教育等跨領域產業，對未來產業發展競爭力有舉足輕重的影響。

2.地緣政治：大國霸權角力，國安、國防實力相互競爭；當每個國家都想自給自足，或許走向逆全球化的道路。

3.社會治理：越來越氾濫的資訊，真偽難辨，社會失去信任基礎，衍生出資訊安全、隱私、霸凌等等問題，怎樣能堅持得來不易的民主，科技又是否該以人為本呢？

科技，本該為人服務的，也要從生活的角度來出發思考；台灣半導體產業本就是世界頂尖，在已達成科技島的成就上，怎麼樣在制度上更全面、嚴謹，需要集思廣益構思藍圖。過去這十年，大型科技公司稱霸，由百家爭鳴趨向一家之言，大者恆大、跨國企業壟斷的危機，將來政府該如何去規範、治理；一方面產業須往前衝，一方面要維護一般民眾的安全、隱私，怎樣達到平衡，是很重要的課題。

二〇二二年八月台灣數位發展部籌畫、成立，社會大眾對數位發展將來影響會是什麼，都還很模糊，每天都是挑戰；台灣終究是一個小的地方，在變化快速的一個世界裡，要掌握機會、持續發展。余紀忠基金會長期、堅定持續觀察追蹤這些話題，二〇二三年整理這本《數位浪潮》，非常適合，因為全球已經開始佈局，這個時候來梳理脈絡，看政府要怎麼來看數位發展未來，讓我們共同關心數位科技的挑戰。

目次

第二章 數位經濟與資本市場監控

專題三 下一個機會？瞬息萬變的數位趨勢未來

第一章 再談數位時代

第二章 科技發展下的國際智財權趨勢與實務整合

專題二

下一個挑戰？兩強對峙的數位政經局勢

第一章　全球化衝突下的科技與民粹

前言

二〇一九年基金會出版《承擔與試煉》，曾序言「世界怎麼了？」身處變動世界的每個人，面臨氣候變遷劇烈、貧富差距擴大、科技日新月異下，分崩離析的政治氛圍蔓延。近四十年來，世界在自由經濟體制的資本主義走向，貿易自由化下的發展，多國內部政府的重分配角色被削弱，金融衝擊持續惡化、不平等差距環生等重大的問題。

在台灣，地緣政治影響下的問題和困難也陸續產生。基金會公與義議題創始發起人朱雲鵬教授，長期關注世代公平、經濟發展與環境永續的平衡；本座談會由朱雲鵬教授主持策劃，在公與義的角度關懷弱勢與被剝奪者，集結長期關注學者專家對話與共商。

被剝奪的反撲 反全球化運動的根源

朱雲鵬
（經濟學者、余紀忠文教基金會公與義系列召集人）

“從一九八〇年代以來，世界上有兩個趨勢在平行地進行，一個是全球化，另一個是所得分配不均度的提高。這兩股趨勢演進到現在，已產生重大的問題和反思。”

反全球化肆虐崛起

在一九七〇年代，我們無法想像未來全世界各地會爆發反全球化事件，當時我們只是認為有些國家的收入分配很不平均，例如巴西。然而，從一九八〇年代以來，世界上有兩個趨勢在平行地進行，一個是全球化，另一個是所得分配不均度的提高。這兩股趨勢演進到現在，已產生重大的問題和反思。反全球化、反貧富差距的抗議在各地上演，而且愈來愈嚴重。從尾隨 G20 會議的群眾抗議，到法國的黃背心，到各國反全球化民粹主義，展現許多人民已經到了無法忍受現狀而力求改變的心聲。

今年年初我出版了《中美貿易戰：一場沒有贏家的對決》這本書，書中指出，發生中美貿易戰的深層原因，在於一九八〇年代開始崛起的新自由主義，以及同時發生的全球化趨勢，導致美國核心地帶（heartland）大多數中產階級家庭的經濟狀況惡化，甚至落入貧窮。針對美國貧富不均惡化的現象，美國總統參選人也相當重視。民主黨總統大選初選參選人伯尼・桑德斯（Bernie Sanders）與伊莉莎白・華倫（Elizabeth Warren）均提出抽富人稅。

改革稅制、房屋實價公開的吶喊

展望未來，針對縮減貧富不均，各學派的提議中；第一，應對資本交易課稅，一般叫做托賓稅（Tobin Tax）。第二，應提高所得稅。第三，目前國際洗錢條例之實施將掃蕩「免稅天堂」，或許可趁機簽訂提高所得／財富稅的國際協議。但在川普時代不可能同意。第四，在台灣也應走向實施實價公開，並實施超額房地產（依市價估算）持有稅。

關於福利資本主義的未來發展，丹麥學者考斯塔・艾斯平－安德森在一九九〇年（GostaEsping-Andersen）出版名著《福利資本主義的三個世界》，此書只有描述歐美，不涉及亞洲。當時德國跟歐洲南部的老年人、窮人照顧是靠家庭，美國、英國是靠市場，北歐是靠政府。此書主張要靠政府。但是後來北歐也發現，政府負擔生活照顧會有龐大的財源難題，所以需要改革，否則會破產。

面對未來負擔 年金改革、長照成關鍵

對台灣而言，未來年輕人的負擔會愈來愈重，需有年金改革，未來需從確定給付改為確定提撥，基金收益率需提高；也必須針對老人照護問題，應善用市場機制補足長照之不足，尊重家庭選擇，不能貿然實施社會主義的長照。最後，必須重視人口危機，否則將步入日本的困境。

新國際經濟情勢下 台灣產業前景

史欽泰

（前工研院院長、余紀忠文教基金會董事）

“面對人工智慧應用趨勢，要怎麼去看產業？答案是跟進，把餅做大。可是餅不是隨便就會做大，牽涉到分配問題。”

全球產業供應鏈重組

首先，產業在全球化下要追求最有效的供應鏈，全球佈局最有效的生產方式。因中美貿易戰爭，迫使全球產業供應鏈重組，重組不只大傾軋，小交惡也能影響，比如日韓交惡，很多供應鏈立刻受影響。再則，機器的可自行學習，包括資料處理及運算，將長遠影響所有的產業，我叫它大解構，原產業解構變成新產業組合。產業鏈重組，生態系創新，供應商、產業、需求面的上下游生態系進行跨域整合。以前的產業鏈訴求降低生產成本、提升效率，如今，產業鏈不再只以生產者的價格、成本、效率為優先，新價值必須滿足提供對象，必須幫消費者做到有效結合。

餅做大牽涉分配加減乘除 人工智慧是機會考驗

未來，產業勢必面臨創新轉換的課題。然面對人工智慧應用趨勢，要怎麼去看產業？講貿易戰與科技的衝擊，當然要面對自己；感謝工研院IEK就政府資料整理，提供數據。台灣產業以製造出口為導向，能不能出口對於我國至關重要。二〇一七年出口額約三千兩百億美元，其中大陸約四五％，出口美國約一二％。自一九九〇年對大陸開放後，二十多年台灣對中、美出口比重的變化像蹺蹺板。面對中美大戰，台灣必須適度調整準備。答案是跟進，把餅做大。可是餅不是隨便就會做大，牽涉到分配問題。分配很難且不一定公平，如家產既要分家又追求擴充，這涉及科技產業的全球布局及管理中的加減乘除，加倍效益，創新競爭，如何加，是否減，怎麼乘，除最難。

再談人工智慧提供產業的新機會。第一，營運效率大提昇。第二，服務模式大創新：AI能快速蒐集大量資訊掌握消費者行為。第三，產業競爭大翻轉。台灣工廠製造的精確data，產品、設備、組裝、生產過程，是獨特珍貴掌握的資訊。資訊將廠房裡就各種不同sensor，蒐集再加應用AI，應是台灣AI市場的獨有機會。此外，運用AI大數據，生產、資料檢測、與經營判斷的整合，可推動台灣與世界一流的醫療與農業技術並進，並可結合IOT網際網路延伸，發展精準醫療、智慧農業。要注意的是，智慧醫療必須要用到很多sensor，資料蒐集牽涉信任累進與分際，需考量安全與隱私。

政府協助跨域布局轉型 教育、產業思維演進

最後，當前對我國產業的影響，由於台灣一直都扮演供應商提供全世界，是歷史優良的全球供應商，比較不會在這交戰時刻急迫面臨選邊站問題，唯一要考慮的是就業問題。擔心人工智慧對於就業的衝擊，哪些工作會被替代？什麼新的服務會出現？應關心為新的工作怎麼去培力、迎接。製造因科技效力提升，需要的人會變調，完全routine的人會變調流失，支援人工系統、製造系統，需要的知識會不同。商業模式的改變，資料蒐集產生新的服務。台灣將來最關鍵的是如何改變服務業，提升服務業附加價值。

今天台灣服務業佔六二．七%，就業人口最多，但附加價值相較製造業仍非常不足。人工智

慧、數位經濟時代，服務業要著力更多。四十年來，製造業是台灣的代名詞，人工智慧的科技帶動產業服務、產業創新，應用服務的部分運用人工智慧的技術是必要的學習革命。在地的關懷，不論是文創、旅遊，與農村農業怎麼結合，怎麼發揮。

新的生態系打造，較幸運的是有強而有力的核心科技叫做半導體，產業不管怎麼變，預測半導體需求將持續成長，雖然未來會怎麼變化尚不知，半導體為基礎的研進，絕對不能夠放棄。我簡單的總結，必須打造硬體為基礎的新科技服務，硬體是我們的本，創新服務，注意跨領域的異業結盟，需不同的行業一起思考未來。

要有長期思維，長遠打算，從觀念、教育、產業結構的改變，進而在制度、立法上面細密的轉軌，需要跨界跨國政府跟民間的合作方式。它是一個多領域的，創造價值不是只講求效率。Investing human resource 運用科技解決人類與自然的未來，而不是為了科技而科技。

全球化國家轉型 教育技能與法規必要

陳添枝
（臺灣大學經濟學系名譽教授）

”人工智慧（Artificial Intelligence, AI）時代的來臨，薪資不均的問題會改善嗎？還是會惡化？人工智慧將取代某些工作，但也激發技能的轉型。“

人工智慧衝擊從低薪的本質談起

今天談低薪的本質、人工智慧的衝擊，以及解決對策。

所得分配不均日益嚴重，全球皆然，主因有二：第一，薪資（勞力）所得相對資本所得的變少。富豪大都靠資本賺錢而非靠勞力，其財產累積速度大於社會平均財產累積。第二，薪資所得本身分配的不均。高薪資的人數減少，但其薪資占比卻越來越高；低薪資的人數增加，但其薪資占比卻越來越少，形成中產階級萎縮。簡言之，這是薪資的庸俗化。

技術變遷 生產全球化 挑戰加劇

薪資的庸俗化起因於技術的變遷和生產的全球化，而技術的變遷主要呈現在大量生產上。大量生產跟全球化的關係，會讓一般傳統的工作技能，在市場上的價值越來越低，形成薪資或技能的庸俗化。技能庸俗化後，勞工的薪資都趨近於純勞力的報酬，只足以活口（subsistence wage）。在全球化下，移動能力較強的人有較大的談判權。資本的移動力高於勞工，而勞工中技能越高者移動力越強。全球化使高低技能的報酬差距擴大。一旦勞工要求較高酬勞，企業家可以選擇到較低工資的國家設廠，資本的移動使各國的庸俗化技能報酬都向下沉淪（race to the bottom），而且各國報酬趨於均等。

高技術與低技術的優劣 勢態轉變

人工智慧（Artificial Intelligence, AI）時代的來臨，薪資不均的問題會改善嗎？還是會惡化？人工智慧將取代某些工作，但也激發技能的轉型。AI現在可以進行醫療診斷、法律諮詢、財務顧問等，所以相關服務的技能可能庸俗化。AI也使得服務業的全球化生產變得可能，將造成服務業技能或辦公室工作的報酬減少。但AI有助於翻轉大量生產的趨勢，產品的差異化和客製化的需求增加，生產端可以和消費端更貼近，小眾市場的機會增加。

AI也降低了交易成本（transaction cost），大型企業的優勢喪失（大資本的優勢喪失），人們可以選擇為自己工作（自雇），或為多個雇主工作。在製造業中，機器和高技術勞工的互補性較高，和低技術勞工的互補性較低，因此機器的導入使薪資分配惡化。AI正相反，AI的導入有利於低技術勞工，不利於高技術勞工（professionals），因此可以改善薪資分配。

新時代數據應用與法規俱進 教育與學習養成

綜合上述對低薪本質的探討，可以從幾個面向來思考解決對策：首先，教育體系應教導學生至少一項謀生技能。有價值的技能往往需要較長時間的訓練和養成，而且可能非傳統學校可以完成，必須和企業結合。其次，政府提供機會，讓技能被取代而失去營生能力者，獲得社會救助和重新學習的機會。第三，思惟轉型，過去鼓勵資本累積，未來應鼓勵知識（無形資產）累積；過去鼓勵大型企業，未來應鼓勵小型和個人化的生產。第四，稅制改革，由於技能的庸俗化，固定資產（如房地產）持有的多寡影響所得分配很大，應重新思考財產課稅 vs. 所得課稅的問題。第五，法規應與時俱進，應速建立數據管理和應用的相關法制，並防止壟斷數據的廠商（平台）剝削勞工。

減輕文憑主義 淺談數位時代中的學以致用

葛自祥
（龍華科技大學校長）

“學校必須有明確定位、建立自信；若是一所定位為培養實務人才的應用型大學，那重心變不在學術論文產量，而是培育企業樂用的人才，以及幫企業解決實務問題。”

機器人取代人力？少子化更為國安問題

少子化下欲維持 GDP 不變有兩個方法，一是檢討移民政策，引入境外人力。二是產業升級，提高產能，讓機器取代人力，史欽泰教授提到發展 AI、IOT 技術，將產能效能提升是可行的。但提升效能的實務人才在哪？專業人力培訓要跟上時代需求，同時投資人資單位。

技職教育的崩壞從民國八十三年開始，當時教育改革，廣設高中、大學，許多專科在教育部政策引導下，升格技術學院，技術學院達一定規模再改名科技大學，技術學院與科技大學內涵差不多，可以招收四年制大學生、研究生。民國八十三年後專科數量大幅減少，大學數量遽增，很多人認為把專科引導到大學層次是錯誤的政策，但從另個角度思考，專科設置最多的時期約在民國五十至六十年間，當時台灣正從農業社會轉型工業社會，需要大量實務人才，政府經費不足進而鼓勵企業家拿錢辦校，於是公私立的比例懸殊。另個崩壞關鍵是大學窄門變寬及升學主義導向，廣設大學導致升學容易，民國七十六年時，高職生升學率不到三％，一〇一年飆高到八三．五％，過去學生考不上大學所以提早進入職場，現在則一窩蜂念大學。

務實人才培育　避免產學脫節　龍華經驗

上述問題發生後如何改進？今就龍華經驗，提出對學校、政府，及社會的具體建議。首要檢討學校，學校必須有明確定位、建立自信。例如龍華科大是一所定位為培養實務人才的應用型大學，重心不在學術論文產量，而是培育企業樂用的人才，以及幫企業解決實務問題。要達成這樣的教育目標，師資的實務能力必須不斷加強。老師必須具有產學合作的能力，確保教學內容不與產業脫節。現技職教育法要求老師每任教六年要到業界研習或服務半年，避免與產業脫節，亦是這樣的精神。

此外，課程也是關鍵，課程架構應思考學生畢業後就業所需要的能力、知識與技能，以學生就業競爭力提升為主要考量。學校的實訓設施，亦應得趕得上產業的現況與需求；更重要的是制度面，如龍華要求老師升等時必須達成產學績效門檻，如未達成，即使年產百篇 SCI 或 SSCI 論文，亦不能提出升等。總之，師資、課程、設施、制度，都要與學校的定位及教育目標一致。

突破社會價值觀框柩 政策引導 培育適性發展

首先應投入更多資源於技職教育，近年數據顯示技職校院獲得的資源，僅約一般大學的三分之二，從教育界來看，私立技職院校學生被剝奪最嚴重。第二，政府應以政策引導，使技職校院科系設置與產業人才需求呼應，目前高職的餐飲類科學生最多，有六．五萬人，科大為了招生考量一定會設餐飲類科，但是否有考量學生畢業後的就業發展？近六年成長最快的是表演藝術，資料處理、資訊相關科系迅速減少，AI 時代來臨，資訊方面人才極為欠缺，但年輕人興趣缺缺，怎麼辦？政府要有引導政策，八月有份公文載明科大可超收資通訊產業一〇％名額，我認為沒搔到癢處，高職端若不把餅做大，相關科系學生沒增加，科大再增加名額，學生只會流向公立，並不會增加人才培養的數量。

對此，提出幾點建議，第一，用政策引導讓私立高職願意增設資通訊類科，並多給補助，公立高職則要求一定要設置。第二，提供誘因，引導學生往特定領域發展。第三，應創造誘因吸引企業與學校共同培養人才，企業實習非常重要，能養成實務能力，了解產業現況，但大四實習學生對企業來講，是資產還是負債？企業要派人教導，花費時間及人力成本，但學生未必能幫到忙，這階段我認為是負債。找優質的實習機會很困難，建議由政府審核適宜企業，給予稅賦優惠、融資優惠等配套，吸引企業願意培訓學生。第四，建構跨部會合作平台，加速產教融合，最了解缺工、需求人力，及未來產業情況的是經濟部而非教育部，政府部門應建立跨部會平台，把相關資訊集結整合。第五，要加強行銷技職體系。

面對社會有四個建議，第一是社會價值，減輕文憑主義，改變「萬般皆下品、唯有讀書高」觀念。第二，國、高中老師多為傳統師範大學體系畢業，要多了解技職院校，今年實施的課綱中有許多職場體驗、實作課程，重視學生適性發展，有望強化學生就業力。第三，產業也要多瞭解並協助技職院校，在德國或瑞士的學徒制，是由企業主導課程進行，也為自己所屬產業別，培育所需人才，而非將實習生視為替代勞力，希望台灣企業與學校溝通討論，學校會很樂意合作。最後建議媒體重視技職體系，學測考完後，考題分析、題目、正確答案佔據好幾個版面，反觀統測不受媒體青睞，希望媒體多關心技職體系。

追求公平正義的資本主義發展

李碧涵
（臺灣大學國家發展研究所教授）

”在世界和台灣，受到新自由主義全球化的負面影響而產生的被剝奪者，主要體現在受限的社會權與工作新貧族（new working poor）或新無產階級。被剝奪者的反擊的方式之一就是社會抗議。“

新自由主義全球化的缺失

相對剝奪感（relative deprivation）意指個人或團體與社會其他人相比較之下，感覺不滿自己缺乏生活資源，包括政治權力、經濟利益或社會地位等。美國馬里蘭大學名譽教授泰德．羅伯特．格爾（Ted Robert Gurr）主張相對剝奪感是社會抗爭和革命運動的主要成因。但上述是由個人或團體的行為態度和集體心理面之探討，我們更要探索影響被剝奪者不斷出現和激烈反擊的總體結構因素是什麼？一九八〇年代至今為何更多人決定採取抗議行動？他們面臨哪些忍無可忍的問題？

檢視一九八〇年代總體結構，當時英國柴契爾政府（一九七九～九二）與美國雷根政府（一九八〇～八八）共同提倡新自由主義全球化策略（neo-liberal globalization strategy），內容涵括經濟自由化與民營化、國家解除管制、由供給面干預經濟，提出振興經濟方案，改善投資環境，給予企業減稅與各項獎勵措施、減少社會福利支出以緩和國家財政危機、要求世界各國開放市場以建立全球自由市場（global free market），此即所謂的柴契爾主義（Thatcherism）與雷根經濟學（Reaganomics）。

新自由主義全球化的結果，造成國家的經濟、社會結構改變，但也出現負面影響：第一，貧富差距擴大：自一九八〇年代各國政府採取供給面發展策略，提供企業減稅、免稅，及友善投資環境（尤其是低利融資、出口補貼或獎勵企業雇人）。此舉侵蝕國家稅基，政府只好向人民增稅，但企業藏富，未分配盈餘增加，卻又低薪雇用員工，造成勞資不對等分配。所得富者越富，窮者越窮，中產階級快速流失且向中下階級移動，所得不平等惡化。第二，金融資本主義（finance capitalism）盛行：各國政府開放銀行與投資公司發行衍生性金融商品（derivatives），只有德國禁止。而且政府並不加以監督衍生性金融商品的運作，只有瑞典執行嚴格管控。這些高風險、高獲利之衍生性金融商品，推高高所得者之獲利。第三，經濟不穩定（economic instability）：各國不斷開放市場，尤其金融市場自由化後，熱錢不斷攻擊各國股匯市和進入房地產。造成金融危機不斷和經濟不穩定，企業不願增加或長期聘雇員工，失業率居高不下，非典型就業劇增。人民收入偏低，幾乎回到一九九〇年代所得水準，全球平均國內家戶所得不平等更是回到一九二〇年的狀況。

科技發展下 被剝奪者的形成

在世界和台灣，受到新自由主義全球化的負面影響而產生的被剝奪者，主要體現在受限的社會權與工作新貧族（new working poor）或新無產階級。社會權包括工作權、教育權、醫療權、居住權與福利權等，因新自由主義的市場化措施和政府的財政緊縮，而顯現諸多問題。此外，貧富不均日益嚴重，富者愈富，但大多數人的所得降低，成為中下階級，甚至形成一批工作新貧族，多為臨時派遣勞工，收入不穩定且缺乏完善的工作權益保障。「聯合國發展署」（The United Nations Development Programme, UNDP）及「牛津貧困與人類發展倡議」（Oxford Poverty & Human Development Initiative）共同發展出全球多面向貧窮指數，二〇一八年統計顯示，全球七十四億人口中，仍有十三億三千四百萬極度貧窮者，約一八%的人在健康、教育、生活水準上極度匱乏。換言之，全球的赤貧現象與相對剝奪的現象相當嚴重。

被剝奪者的反擊的方式之一就是社會抗議。一九九〇年代迄今，全球反新自由主義不公不義的抗議行動風起雲湧。抗議新自由主義全球化開放市場造成剝削勞工與失業、貧窮、社會不平等、政商勾結，以及環境破壞等諸多重大問題。例如一九九四年元旦北美自由貿易協定（NAFTA）生效，而墨西哥南部奇亞帕斯塔省原住民組成反新自由主義洲際聯盟，並串聯奈及利亞、巴西和玻利維亞等國原住民、勞工、農民，及人權和環保團體，策劃全球抗議行動。一九九九年十一月三十日西雅圖發生反 WTO 部長級會議，這是美國自越戰後三十年來最大型的社會運動，十五萬人透過全球網路串聯而同時參與阻止 WTO 會議召開，抗議貿易自由化傷害工作權、社會權和環境權。

改革重在經濟成長雨露均霑

新自由主義全球化帶來的經濟社會問題，可以從三方面加以改革：第一，經濟成長的果實要具有涓滴效果（trickle-down effect），全民雨露均均霑、社會共同分享，而非只是少數人高度獲利而已。第二，經濟成長要能創造就業並解決失業問題，而非失業型復甦（jobless growth）。第三，經濟成長是要全面且持續性的，而非只是由金融資本主義所帶動的短期不穩定成長。各國政府應有的改革內容包括：一、監管過度的市場化，穩定經濟和社會，維護勞工的工作權並提供社會保障。二、提供公共財（教育和健保等），促成資源和機會均等。三、所得重分配，實行累進所得稅率以達賦稅公平。四、各國必須要維護社會的公平正義和人民的社會權，開放市場的同時也要平衡社會發展，才能達成資本主義的永續發展。

結語

朱雲鵬（余紀忠文教基金會公與義系列召集人）

檢視資本主義的未來，幾位教授其實要強調一個觀念，不論是資本主義或是市場經濟，都存在其限制，有市場失敗時，還是需要政府出面適度補救。政府的功能不應該是全面的，但也不應該毫無作為，全部交給市場。

政府創造「隔離」市場 建立社會安全網

其次，關於未來的福利資本主義，政府至少在兩處可以扮演重要角色。第一，如果個別市場結果是不為一般人民所接受，政府可以自創另一「隔離」市場。例如，新加坡政府提供與管理的公共住宅是極佳示範。當然，其他國家不一定適用，因為其他國家可能有不同的產業、有不同的需要。第二，政府必須在設立社會安全網時，進行重分配方面扮演要角。資本主義競賽結果，一定有人被遺落，成為弱勢者或被剝奪者。政府必須出面照顧民眾基本需求，包括社會安全、年金改革、勞保改革，以及產業轉型中對勞工的協助。

加強競爭力 培養一技之長

知識與時代磨合，價值與思維要建立於學習與培力中。關於未來科技發展下，就業問題，個人有兩點建議：第一，加強技職體系學生的英文與電腦能力。第二，培養一技之長。已故企業家溫世仁先生提出「最後一哩」觀念，倡導「畢業即就業」的技職教育改造工程。

我們的教育，包括技職教育，缺乏的就是「最後一哩」，亦即學生沒有實際上可以被企業所需求、所重視的技能。因此，技職教育教學的架構及內涵必須能夠與企業求才、用才、育才的結構相銜接。當個人具備真正的技能時，沒有低薪問題。所以我們用「最後一哩」來期待所有年輕人能夠在教育的過程中，獲得基本素養與良

好的職能訓練，進入職場迎接時代，創造自信與快樂人生。

承擔與試煉是不斷地考驗，願年輕世代與我們同行。

（本篇由二〇一九年九月十六日「相對剝奪感的瀰漫與資本主義的未來：從世界到台灣」研討會集結而成。）

策畫、整理：湯晏甄

第二章 綜觀 TIFA 論壇

前言

二〇一八年三月美國貿易代表署發布三〇一調查報告，開啟美中貿易戰後，在新冠肺炎影響下，全球供應鏈出現相當大的變動，美中貿易戰導致全球供應鏈出現「分鏈」現象，原先以美國為主要外銷對象，但在中國大陸生產的企業會移轉到台灣、東南亞、墨西哥等地進行生產，出現供應鏈的分化，不但出現產能移轉與「分鏈」，更進一步強化了「短鏈」發展趨勢，出現整個產業供應鏈往消費端靠攏的「區域化生產結構」。

在全球供應鏈出現結構性調整的情況下，面對 TIFA 的談判，雙方預計就智慧財產權、數位貿易、藥品醫材、貿易便捷化、法規透明化、投資、供應鏈、非市場經濟、金融服務、環保及勞工權利等十一項議題展開對話。台灣以出口導向的經濟結構，勢必會受到明顯的影響，從政府的角度提供的不只是以往的扶植產業自中國大陸回流或轉型，而是更積極於整體產業鏈布局研發、製造的能力，重視尖端技術的研發，才能在貿易戰中站穩，爭取加入國際技術標準，做為國際合作的資產。其中數位貿易與供應鏈問題是疫情復甦後，各國角力談判之重。

引言

余範英
（余紀忠文教基金會董事長）

”台灣在這些大國博弈的角色裡，是否可以做到同時不放棄中國市場，又在美國的產業鏈裡能夠扮演重要角色。我們是能左右逢緣逢源呢？還是我們會兩頭有些吃不消？“

我們今天請到的兩位老師也是我們的董事，一位是台大的陳添枝教授，他也曾經是我們的國發會主任委員，並且長期在全球貿易上研究非常深的一位教授。另外一位是史欽泰院長，史欽泰院長本來是工研院院長，早期是從積體電路的研究開始，台灣最重要的幾位研究學者，到今天他沒有放棄，不但是在學術上，還有在跟企業的互動上，並參加國際研討，在歐盟等重要場合，都有他的身影；台灣發展的軌跡有他效力之處，並且也有對世界積體電路變化，有他的觀察跟追蹤，且非常深入的瞭解。

今天的主題是，二〇二一年六月三十日，美國主導下，台美恢復已暫停五年的TIFA的談判。這個複談，從二〇二一年一月二十日美國總統拜登就職以來，公佈一・九兆的美國救援計畫，並宣布紓困美國的中小企業跟全民財政刺激方案，在二〇二一年三月三十一號，又花了二・三兆美元，力推基礎建設救經濟。在所以美國的強勢復甦，加上拜登的政治外交和疫苗政策的效益下，美國的消費力開始反彈。現在零售開始增加三成，失業率業已這從一四・八％到現在下降六％，那有預期到今年的年成長率會是有六％的可能性。

拜登政府的目標明確，要增強美國製造和技術的優勢。紐約時報在二〇二一年六月八號的時候也報導，拜登持續要去跟歐盟、G20強化產業政策，並已經得到美國國會全國的通過；對於二〇五〇年的中國製造，五年之中要再投入兩千五百億美元科技研發，增強美國製造和技術的優勢。追溯至雷根曾經有過規模計畫，還有當年日本的半導體威脅，都有相似的做法；就是將巨額的政府開支投入我國來對抗某國，尋求不依賴外部供應商的技術行業。這個就是我們看到美國在供應鏈，尤其在半導體供應鏈裡他強力希望的做法。

日前，為強化全球供應鏈韌性，歐洲經貿辦事處、美國在台協會、日本台灣交流協會與我國經濟部共商「科技產業全球供應鏈合作」，增強彼此供應鏈效能方式提出解析。經濟部表示，台灣的高科技產業擁有全球競爭力，具備良好的產業聚落及智慧財產權保護，政府是否能在產業轉型升級時，同步協助廠商國際多元布局，有待觀察。

所以在這個背景之下，本場會議要探討，台灣在這些大國博弈的角色裡，是否可以做到同時不放棄中國市場，又在美國的產業鏈裡能夠扮演重要角色，我們是能左右逢緣逢源呢？還是我們會兩頭有些吃不消？並從科技產業視角出發，台積電在全球這麼多年辛苦掙扎，製成技術裡的領導地位是可以繼續？還是將面臨的挑戰？

TIFA復談對半導體供應鏈影響

史欽泰
（前工研院院長、余紀忠文教基金會董事）

”半導體的突出下，我們台灣又是其中兩個很重要的關鍵，一個是地緣政治，一個是我們的半導體在製造上面因為台積電的關係，所以我們有這兩個因素在的時候，在中美對抗還有疫情這種鍛鍊的情況之下，要怎麼樣去應對，就變成大家都在討論的問題。“

中國崛起全球化戰爭 兩強爭霸

現在整個中美或者世界的局勢變化非常的快，那其中一個焦點當然就是半導體了。這個的起源，其實是美國跟中國有一點在爭霸的意味，因為從過去大約四五十年，我想全球經濟發展應該算是相當蓬勃的一個時代，也是我們這個年齡的戰後嬰兒潮，所經歷到很幸福的時候，但看起來這個幸福的時光，好像有一點要變了。

那個時候因為剛剛戰後，所以大家都覺得全球化應該會帶來很多的好處，尤其是從經濟的發展、比較利益，全球化就慢慢變成一個主流，那這個主流包括中國大陸從八〇年代開始開放之後也是朝著這個方向。但是在過去這幾年，西方國家對於全球化，開始有一點不安，這個不安就是中國的經濟越來越強，馬上已經是足以跟美國抗衡。包括美國從好幾年前就已經開始講要在美國製造，所以從川普政府上來之後，他就開始啟動了爭霸的戰爭。

川普、疫情、中國 供應鏈重組中的半導體產業

從川普開始跟中國宣戰之後，就會面臨到很多在供應鏈裡的企業開始擔心，同時採取一些措施，就是怎麼樣能夠避免經貿戰當中的管制，不准出口、或者是關稅提升，這些都馬上影響到競爭力。供應鏈開始重組，企業開始搬到東南亞，或者台灣的企業就選擇回到台灣。這個狀況在疫情開始之後就更明顯了，因為很多地方隨著網路，就是封城、缺工，所以變成很多人在家工作，

在家工作就帶動了很多資訊產品的需求，可以看做半導體在目前經濟發展過程的一個需求突升。

但美國當然不是這樣看，美國基本上就是希望在半導體上，怎麼樣能夠把以前的優勢再帶回來。因為半導體影響面很高，不只是在經濟上與一般生活的應用，還包括了兩個很重要的因素：一個就是國防上的應用，很多武器或者是間諜衛星，都牽涉到半導體。那第二個就是未來的發展，現在我們可以看到數位經濟越來越重要，未來不管是自駕車、通訊 5G、6G，再加上未來人工智慧所影響的各種智慧應用、智慧城市、智慧健康，其中有一個很重要的因素就是半導體。

地緣政治影響下的台灣 何去何從？

半導體的突出下，我們台灣又是其中兩個很重要的關鍵，一個是地緣政治，一個是我們的半導體在製造上面因為台積電的關係，製造能量現在已經是毫無疑問變成世界的頂尖，可以說三星、美國的 Intel 跟台灣的台積電，在過去幾年已經慢慢處在相同的地位上。但是今天來看，台積電更已經是冒出頭了，變成是領先的地位，所以我們有這兩個因素在的時候，更使得我們對於半導體的供應鏈，在中美對抗還有疫情這種鍛鍊的情況之下，要怎麼樣去應對，就變成大家都在討論的問題。

但是這個問題其實蠻複雜的，原因是半導體的供應鏈不是一個地方來決定的，現在幾乎所有的半導體，不管他在哪一個行業、供應鏈的哪一段，他互相依賴的程度很高，所以我們台灣雖然在製造很強，可是我們很多東西是依賴國際的供應，比如說設備、材料、化學品、設計的軟體，當然還有包括最重要的市場，我們都是以外銷導向為主。所以在這種狀況之下，他互相依賴的程度太強了，這是動一髮牽全身的問題。我們也很難去預測，雖然現在看起來這個趨勢是，大概是短期內是不會回歸正常，一定是慢慢走到兩邊抗衡。

那兩邊抗衡的時候，台灣的問題是，我們目前跟中國的談判管道幾乎是斷掉了，現在唯一比較開放的就是美國，而 TIFA 談判就變成我們唯一能夠看到政府的觀點。若台灣就是純粹做一個商人，中美兩國在競爭，我們兩邊都供應，應該很難左右逢源。所以我們怎麼樣去選擇要怎麼走，我想這個是困難的一個決定，要一面很慎重的去 monitor 整個談判的過程、中美的狀況、國際上的情形，但是私底下我們應該做些什麼準備工作，這才是我們重要的事情。

TIFA復談對台灣數位發展利與弊

陳添枝
（臺灣大學經濟學系名譽教授）

”我們是一個貿易國家，不管談什麼事情都會想到貿易的問題，供應鏈本身也是個貿易問題毫無疑問的，供應鏈就是全球不同的生產能量的連接，希望這個連接能夠非常的順暢，不要發生斷裂，造成國內一些不只是產業的安全、影響到國家的安全。“

TIFA 會談表立場　政治意涵濃厚

我觀察這次的台美 TIFA，有一個感覺是雙方還沒有聚焦要談什麼事情，台北談一些台北想要談的事：想要簽 FTA、希望美國的疫苗能夠授權台灣生產，美國方面就談一下他們未來的貿易政策，希望能夠多注重勞工的福利，能夠解決美國所關注的氣候變遷問題。雙方在會談之後所發表的文件看起來幾乎完全沒有交集，這是一個很強的政治含義表示 TIFA 複談，需要很小心美國的一些政治體制的運作。

美國的貿易政策向來在新總統上任之後，大概要七八個月，最快也半年，它的政策走向才會比較清楚，所以從這次 TIFA 可以說是 USTR 上任之後，第一次表述他們的立場，我是覺得他們的立場還沒有非常清楚，就是基本的方向，因為拜登已經講的很清楚了，未來的貿易政策就是勞工導向了，勞工一定要作為貿易談判的核心考量利益，然後氣候變遷的問題，這是第一點。

我們不太需要在 TIFA 裡面做太多的寄望，因為 TIFA 跟台灣已經做了非常非常多次了，從來都沒有跡象會走向 FTA，就這兩個本來就是沒有什麼一定要接軌的。美國基本上對一些不急著簽訂 FTA 的國家，就用 TIFA 的架構來相互協商一些彼此所關心的貿易問題，所以只要你繼續在 TIFA 的架構裡面談判，就表示還沒有要談 FTA 了。

拜登政府戰略？供應鏈新布局

那我們今天比較關切的還是美國拜登總統上任以後一個主戰略，就是供應鏈的強韌化。所以他上任以後就馬上下了一個行政命令，要政府部門提出一個如何強化供應鏈的韌性，這個報告也已經出來了，從這個報告裡面我們可以看到他強調四個他們非常關注的部門，第一個是半導體，第二個就是大型的鋰電池，就是未來的固態電池，那第三個就是所謂稀土這種稀有的一些原料，那第四個就是醫藥的原料跟器材，除了稀土跟我們關聯不大，那其他三個產業跟台灣都有非常密切的關係。

我們是一個貿易國家，不管談什麼事情都會想到貿易的問題，供應鏈本身也是個貿易問題毫無疑問的，供應鏈就是全球不同的生產能量的連接，希望這個連接能夠非常的順暢，不要發生斷裂，造成國內一些不只是產業的安全、影響到國家的安全，那我們可能需要從台灣怎麼樣看這個供應鏈，然後這個供應鏈跟台灣的貿易政策有何關聯，去審慎的思考，包括對岸的關係，最後才能形成一個我們應對美國新政府想要做貿易談判，或者其他談判的時候，自己的基本策略或者是說帖，這個我覺得是非常重要的。

台灣如何走出困局？政府須思考盲點

就我的觀察，我覺得目前就是有一些盲點可能是需要政府想一想，或者說提醒美國政府也要來思考這個問題。第一個美國每次講到供應鏈的韌性，他就是強調要把產業放在國內，雖然我們讀拜登的那個報告裡面，他們有非常清楚的陳述，沒有任何一個供應鏈是可以完全放在國內的，但是在實際的政策執行上，總是說放在國內是比較安全的，所以他就會強迫我們的台積電要去投資，所以如何建立一個跨國而有韌性的供應鏈，才是我們應該要真正去關切的問題。

當然因為半導體的貿易基本上現在都零關稅了，所以其實我們要談的就不是關稅的問題，可能有其他相關的一些因素，會使這個供應鏈產生斷裂，現在最大的問題就是政治問題，最大的風險就是地緣政治風險，比如美國突然宣佈一個什麼政策，一些例子像突然一大堆中國大陸的廠商被列為實體清單，然後你不可以再給他供應，他立刻會造成我們的供應鏈上的 disruption，不管是進還是出，有任何一個政策忽然的變動，立刻就讓你措手不及，很多合約或者原來的產能規劃被影響，所以在像 TIFA 這樣的協商，或者政府間的對話，很重要一點就是，如何在這個政策的決策過程裡面，既然是供應鏈上面的友好合作的夥伴，那資訊要共享，而且你要做這個決策的時候，不只要讓我們知道，而且要諮商，因為這個彼此都會受影響。

那第二個就是因為他現在非常重視技術外流的問題。比方說台灣因為擁有一些半導體的技術，那這些半導體技術的源頭也可能來自美國，或者用了一些美國技術作為基礎所發展出來的技術，他會擔心我們這個技術會流用到敵對的國家，那有關於技術方面的管制就會加大。坦白講我們台灣也非常的外行，現在突然走到這個非常全新的領域裡面了，其實需要非常多有關資料的收集，這些情報的東西，那如果美國不跟我們分享的話，我們的廠商也可能會做出一些決策，但是潛在上會產生供應鏈的風險，或者將來造成國安的風險，甚至會違反法律。

那這些都是現在台灣比較小型的企業，尤其我們的廠商都是很認真專注生產，一般都不會去管這些政治、法律問題，然後突然這些政治問題、法律問題變成經營上一個非常大的風險。這些問題我覺得在跟美國對話的時候，是最重要的問題，國家怎麼樣來幫助廠商來減少，從國際政治上跑出來的風險，是我覺得以跟美國要求的一個重點。

掌握國際趨勢 談判需周全著墨

再來談一下台美 FTA 的事情，當然當初萊豬的開放顯然目標是鎖在 FTA 了，因為長期以來美國的政策是很清楚的，你先取消他認為不合理的貿易障礙，再談什麼雙邊的 FTA，否則免談，所以這個基本上就被認為是雙邊 FTA 的門票，反正你要先做這個事情才會有下一步。現在要走到下一步到底有多大可能？我也不太能判斷，不過我們可能必須在這個新的局勢之下，要重新思考台美 FTA 它的利弊得失。

FTA 有非常強的政治含義跟政治意味，這是毋庸置疑的，沒有任何國人會反對台灣跟美國來簽訂自由貿易協定，可是從實際上供應鏈的角度來看，台美中間的這些貿易障礙，到底對台美供應鏈的合作的障礙是什麼？目前台美中間的關稅，不管是台灣這邊或者美國那邊所設定的相關關稅，對於台美中間供應鏈的整合是不是有什麼障礙？

現在美國所強調的這個供應鏈重整當中，台灣最大的困擾就是當我們的產業從大陸移出來之後，不管是移出到台灣或者移出到東南亞去，要從東南亞再生產，然後再進入美國市場的時候，就會跟台灣的供應鏈斷掉了。我們的產品，現在面對出口最大的障礙是東南亞這些國家，課徵非常高的關稅，讓我們現在處於一個非常不利的競爭地位，韓國、日本、中國大陸等等這些國家都跟東南亞有協議，可能都也很快會生效了，所以整個亞洲的區域經濟，台灣是被排除在外面的。

這一點是我們現在講所謂 FTA 的佈局裡面最重要，最重要的關鍵的一點。美國當然很好，但是不要忘記現在整個供應鏈調節裡面，我們面對最大的困難就是在亞洲整個供應鏈的整合裡頭，台灣因為跟東南亞的國家中間沒有辦法簽訂 FTA，被排除在亞洲的供應鏈之外，台灣如果不能成為亞洲供應鏈的一環，那請問要怎麼樣去協助美國穩定供應鏈的安全？

當然現在我覺得拜登政府對於要不要重返 CPTPP，這些問題可能都還沒有做決議，所以我們現在講這些東西也不見得有什麼用，但是我覺得我們必須要注意到，我們現在真正面對整個貿易上面最大的困難是這個，而不是美國那邊的貿易障礙，所以就是說這個問題在談台美 FTA 的時候，就不要忘記是從整個亞洲生產鏈的觀點，我們要做一個比較上位的安排，那這樣才有可能讓美國所想看到的供應鏈風險下降，降低中國大陸政府干預。

一定要有一個全面性的供應鏈重整思維，那這個我也覺得是我們自己在談判的時候需要去琢磨的地方。

結語

余範英（余紀忠文教基金會董事長）

我想現在先深入一下台積電這次所遭遇到的，因為剛剛大家也都提到六月初美國的供應鏈報告有提到四個關鍵的領域，那在裡面講到非常清楚的是台積電的重要性是舉足輕重的，美國自己在這個報告裡面也指出，美國主導下的全球晶片設計市場，在先進製造裡面它的能力是欠缺的，台積電已經掌握九二％的技術晶片的製造，美國還不到九％，在邏輯晶片上的技術更談不到。美國把台灣視為半導體研發升級的優先夥伴，這個優先夥伴到底對我們來講有哪些好處？是不是要整個主體要搬到美國？

另外台積電代工它是靠客戶的長期合同、長期業務，他是否能夠讓這些變成他的常態，將來有什麼變化？晶圓代工的供需牽動他將來的轉變，台積電不但在全球積體電路的發展上舉足輕重，但它本身也是一個產業、企業，怎麼面對我們今天從 TIFA 的談判當中來找到一個空間，這個空間是我們需做長期的規劃，需珍惜台積電的發展所帶動台灣能夠在世界上領先的地位。

在供應鏈上，我們知道一個企業的佈局是不是很容易的，企業的佈局建立在從以前的發展過程，到未來發展的挑戰，所以我們希望台積電能夠還是在它的主體上、基礎上，能夠繼續在台灣再次帶動其他的產業擴散跟延伸。

在未來數位時代的時候，需要我們自己人力、市場、培訓，這些外在的條件，國家方面不管是在社會的環境，或者自然的生態環境裡，我們應該做的努力。

（本篇由二〇二一年七月二號「綜觀TIFA復談，聚焦供應鏈及數位貿易的實質看法」視訊會議集結而成。）

策畫、整理：陳東伯、黃鈺安

第三章 地緣政治中美對峙下的全球新規

前言

新冠肺炎疫情爆發期間，美中關係更加緊張，兩強競爭態勢更為檯面化，也為各國決策者帶來考驗。拜登政府積極扭轉先前川普主政時，所放棄的多邊主義及採取經濟保護政策對中國及其他盟國進行貿易軟性圍堵，從而改變國際秩序，對亞太情勢也造成各項衝擊。最近美中更因為新疆與香港問題相互角力，尤其雙方數月以來在西太平洋的軍事較勁，對兩岸關係造成莫大衝擊，國際情勢千變萬化，美中關係變局亦是瞬息萬變，台灣自不可能置之度外，必須審慎因應，扮演關鍵角色，以在兩岸關係及整體國家利益取得平衡點。

無論從地緣政治或是區域政治的觀點上，台灣一直都是美中戰略的一個必爭之地，儘管台美的關係日益良好，可是美國在亞太的一個策略當中，仍然與日、韓、印、澳等國交好，看起來就挾台灣牽制中國，尤其可能是在台灣的供應鏈及半導體的產業上面。那我們比較擔心的是在疫情時代之下那美中競合也是現在經濟科技供應鏈發展的一個關鍵因素之一，在競合的過程當中，台灣是應該要更顯示自我的定位跟未來是何去何從。

引言

余範英
（余紀忠文教基金會董事長）

”近期美國正跨步重返「跨太平洋夥伴全面進步協定」（CPTPP）的可能性，那這個當中，對話的互信還沒有出來，我們看到台灣在唯美是從，兩岸的交流下也有中斷的現象，這之中可以操作的杠杆、經貿版圖可以規劃的前景，較過去比較不容易看得出來。“

今天非常難得我們請到公與義的發起人朱雲鵬教授，然後我們的兩位董事，一位是陳添枝老師，那另外就是薛琦董事來參加，另外我們又請到一位就是在政經學者裡面，一直保持客觀，但是也宏觀，對於台灣的何去何從，一直始終如一的一位教授，那就是郭正亮教授，跟我們一起來做討論。

今天的題目是中美對峙下的全球新規，中美的貿易戰互不相讓，在所謂的競爭合作跟對抗下，各謀其利。台灣在中美戰略競爭中為必爭之地，但從地緣政治與區域經濟觀點看，拜登不會忽略台灣在中美戰略競爭中扮演的重要角色。拜登不僅延續其前任支持台灣的政策，並把台灣視為他民主聯盟的重要一員，他在許多外交場合講話時提到台灣，並成功促使美國的亞歐盟國領袖，在與他會面發表的聯合聲明中，公開表示對台海和平穩定的關切。

美國為了抗衡中國在亞太地區的影響力，更有意提出涵蓋印太經濟體的「數位貿易協議」，顯示華府正跨步重返「跨太平洋夥伴全面進步協定」（CPTPP）的可能性。美國國家安全委員會和國務院官員也正在制定的亞洲數位貿易規則，可能涵蓋跨境資訊流通、數位隱私權和亞洲的人工智慧（AI）使用標準，將開放美國亞太盟友加入，但不包含中國大陸，與美國政府管制先進技術出口的做法類似。

那這個當中，沒有看到有進展，對話的互信也還沒有出來，也看到台灣在唯美是從，兩岸的交流下也有中斷的現象，這之中可以操作的杠杆、經貿版圖可以規劃的前景，已不容易看得出來。

希望諸位給今天的環境做一些建議，而且做一些諸位學者高度思維的判斷與諫言。

綜觀疫情世代國際政經局勢

朱雲鵬

（經濟學者、余紀忠文教基金會公與義系列召集人）

”很多企業家私底下問我很多很多次，你有沒有什麼消息？有沒有什麼分析？到底會不會打仗？因為他在美國的朋友都發好多 EMAIL 給他，說我們這邊都說會打仗，到底你們那邊有沒有感受？但台灣人好像事不關己。“

三個看美中台關係「悲觀」、「難過」、「恐懼」

新冠疫情的來臨，我個人覺得對於全世界的局勢有重大的影響，它的重大影響不是改變趨勢，而是在很短的期間內強化的趨勢，那個趨勢是什麼？就是中美對抗。在新冠疫情前已經有很多跡象，所以才有中美貿易戰等，但是在新冠疫情之後，原來對峙中的情勢好像一下子被加了一個加速器，讓他兩倍、三倍的力量釋放出來。

前幾天我才看到一個美國的專欄作家也是CNN的評論員的文章，他引述美國QW民意調查，他說目前至少有六成美國人對中國持負面看法，是QW從二〇〇五年調查這個問題以來的最高峰。那在這種情況之下，拜登政府它現在是以包圍中國這一張牌，當做是他跟共和黨去搶政治地盤的一個重要手法。當然他也在其他地方有作為，比如說基礎建設等等，不過那些相對於對中國的態度而言都是小菜，他真正的大菜，是利用反中的情緒繼續執行用盟國包圍中國的政策，來取得他在國內政治的正當性，以抵擋川普的勢力未來可能的崛起。所以在這種情況之下，對於中美台關係未來的走勢，個人是持非常悲觀的看法，如果我要用哪幾個字來描述目前的狀態？最後只想到三個詞就是「悲觀」、「難過」、「恐懼」。

失去脈絡的下一代 我們是否事不關己？

我解釋一下什麼叫悲觀？悲觀的意思就是我看不到什麼出路，就是這個對峙會繼續下去，美國幾乎每個月都有文章說會不會打台灣？什麼時候打？中國近期宣佈對鋼鐵的出口關稅提高，有些鋼鐵項目本來是二五％，它提高到四〇％，當然你說它這個是不是有國內的要一要素？當然有，因為它國內鋼價也漲，所以他希望出口少一點。所以每天就是看這些，就是今天一個新聞、明天一個新聞，所有新聞都只是往同一個方向就是「對抗」。當然對抗也不一定會打仗，也許沒有人希望打仗，不過對抗之下，還是有可能很多擦槍走火的地方。剛才我提到這個專欄作家，還特別提到說那時候美國的偵察機跟中國軍機在南海相撞，而最後還能夠以和平收場，就是把飛機迫降海南島，然後把機組成員全部都送回美國，最後這個飛機的殘骸也送回美國。現在如果重新再一次，who knows？所以我說這個是悲觀。

第二個是「難過」，在這種情況之下，就是台灣好像沒什麼關係的，好像不大有人在乎，但是有很多企業家非常在乎，很多企業家私底下問我很多很多次，你有沒有什麼消息？有沒有什麼分析？到底會不會打仗？因為他在美國的朋友都發好多 EMAIL 給他，說我們這邊都說會打仗，到底你們那邊有沒有感受？但台灣人好像事不關己，所以是難過。

第三個是恐懼，恐懼就是在台灣的整個氣氛之下，包括教科書的改版，把中國是全部改掉，只剩下東亞。所以基本上台灣四十歲以下的人，也就是念比較新的教科書長大的人，大概現在也要占人口一半，那在教科書裡面中國這兩個字對他而言是一個模糊的觀念，他知道台灣原來是荷蘭統治，後來變成鄭成功統治，那他不知道為什麼鄭成功會到台灣來，因為他沒有念過中國史，然後鄭成功完了以後，清朝來了，他知道清朝來了，那他不知道清朝為什麼來，他不知道康熙是什麼規劃，然後清朝完了以後日本來了，但他不知道為什麼變日本，因為他還沒學過甲午戰爭，然後日本變中華民國。中國史不見了，只剩下東亞史跟人口遷徙，這就是我們的下一代。

仇恨深入民間 正面消息何在？

現在主流媒體幾乎每天都是仇中。一般人的印象就是中國人很爛、中國網民很爛、很沒有水準它每天都是這樣在進行，所以為什麼我覺得恐怖，台灣會變成是一個兩邊衝突的地區，而台灣有太多的人，非常多的人，成千上萬的人，我覺得是樂意看到這個戰爭。當然你真的叫他們上戰場，他可能還是不要，問題是他心態就是這樣，就是仇中、恨中、看不起中，所以我覺得很恐怖。我拋磚引玉，雖不能帶來更正面的消息，但是這就是我觀察這一陣子的一些感想。

拜登執政後，美中貿易戰新局

陳添枝

（臺灣大學經濟學系名譽教授）

”中國現在非常積極的在創造一個自主性的交易平臺，但人民幣國際化成本太高，所以中國現在尋求用監管的方式，去強化它對金融交易管理跟監控能力，包含人民幣數位化。“

不放棄希望 台灣從何出發？

我也跟雲鵬兄一樣，就是有些悲觀，但是我覺得還是不要放棄希望。從經濟的角度來講，就是無論如何美中之間還是有很多利益重疊的地方，希望他們能夠找到一些可以合作的點。美國看起來蠻清楚，就是他們要跟中國競爭，但是並不想要主動的尋求對抗。拜登上臺以後，從中國的角度來講，施政的情況讓他們非常非常的失望，原來希望美國能夠扭轉川普時代的一些所謂錯誤政策，幾乎沒有改變任何一項，唯一一項的改變是今年五月的時候重新開放中國留學生的簽證。

在商品關稅的部分，拜登現在雖然沒有說它一定不能降，但是因為現在的經濟需求，他覺得這樣還蠻好的，剛好可以保護國內的產業，所以感覺沒有急迫，雖然有通脹的壓力，但是感覺上美國並沒有降稅很大的壓力在。從中國的角度來講，因為疫情的關係，從今年一月到六月，它整個對外出口是增長二八%，然後對美國的出口，它的出口也增加三二%，那在出口這麼暢旺的情況之下，也沒有必要去擔心美國課這個關稅它有什麼傷害。但是我覺得這個情況可能是短期的。

中國政策變化隱憂 國際經貿影響大

那我覺得比較擔心的事情是中國政府最近這一個月以來，事實上在用他自己的政策在加速跟美國的突破。這裡面包括提出來的所謂雙循環，就是強調內需，然後想辦法去出口，但是我覺得那個東西是做不到的，中國一定會繼續依賴出口。另外，中國有兩個很重大的政策大方向，我比較擔憂的，第一個就是加強網路的管制，網路管制本來就已經管制了，以前就是管制言論所謂網路安全的問題，現在中國立了一個新的叫做數據安全法，數據跨國移動的時候開始受到政府非常嚴密的監視。

比方說特斯拉的車子在中國開賣以後，他們就擔心特斯拉所收集的資料會發到美國去，所以現在已經強迫特斯拉要把這個資料留在中國。中國其實是把網路數據的 movement 加到他自己的企業身上，比方說像滴滴出行的問題，他們害怕這些交通、人們移動的相關訊息外流，在這樣一個情況之下，加強各種形式的網路監管，包括對遊戲軟體公司監管的動作。在這個法律明文的禁止下，關鍵領域包括交通、人員移動等等，這些數據是絕對不可以出國的。

那麼如果外國的法庭因為執法的需求，要求中國這一方提供任何司法調查或者是裁判過程所需要的資料，都必須要經過政府的核准。比方說金融公司不可以隨便把這些金融交易數據交到美國司法機關手上，那將來在整個數位的交易裡面，絕對就切割了，因為你如果有這麼嚴格的數位跨國移動限制的話，這個數位貿易是沒辦法進行的。換句話說，你如果在中國要做這些數位相關的生意，你唯一的辦法就是到中國去投資。那到中國去投資以後，而體制上的差異就會造成企業高的風險。比方說 Google、臉書，並不是不想做中國的生意，但如果按照中國的法律去做中國生意的話，會影響到在中國以外的市場機會。所以我覺得這個管制在數位的領域裡面，因為這樣不斷的強化，會產生非常大的影響，這一塊我覺得是比較擔憂的。

第二個我覺得也非常擔心的是，中國現在開始加強它在金融系統上面的自主性，希望不要在金融的體系裡面去做美元的平臺。顯然在這個對抗的過程裡面，中國發現說金融這一塊他是非常非常吃虧，因為所有的涉外交易都用美金，所有的美金交易都會被美國人看光光，所以像華為的孟晚舟事件，你做什麼事情，你不管怎麼樣迂回，怎麼樣做交易，最後你還是要有一個美金的交易，有一個美金的交易就會出現在美國的銀行戶頭裡面，那就會被美國的監管單位控制。

打造自身平台 中國逐步站穩金融地位

所以中國現在非常積極的在創造一個自主性的交易平臺，但人民幣國際化成本太高，所以中國現在尋求用監管的方式，去強化它對金融交易管理跟監控能力，包含人民幣數位化。中國開始限制中國公司在美國的上市，比方說你要在美國上市的時候，你數據平臺的用戶超過一百萬的話，需要經過他們現在網信部的審核，沒有經過這個審核的話，你就不可以到美國上市。

中國在這一塊是有一點野心的，人民幣國際化的計畫也已經規劃跟試行了相當久的時間，也有一些成效，但是你要真正做到取代美國的地位，讓人民幣變成一個國際通用的交換貨幣，尤其作為外匯儲存的準備金的話，中國應該理解他們是做不到的，因為這是跟他們整個經濟管理的體制是相矛盾的。所以似乎現在就用金融監理的強化，就是我既然管不到境外的東西，至少在我境內的交易，我要能夠百分之百完全的控制。

香港問題全球危機　雪上加霜的未來

將來我覺得比較擔心在這個系統下，讓香港金融中心的地位會受到很大的威脅。因為當這些中國的大公司沒有辦法美國上市的時候，他就會想辦法在香港上市，因為你如果沒辦法有一個窗口可以讓外國資金進來的話，你就沒辦法吸收外國資金，就是我們現在講說為什麼這麼多中國的公司想到美國去上市，並不是真正想要脫離中國的監管，而是因為你的原始投資人就有一大堆美國人，一大堆 VC（Venture Capital）是美國人，那需要他們出場，所以美國是一個最好的出場地方。所以當中國把這一塊封鎖的時候，將來中國的新創公司如果都不能在美國上市的話，我覺得美國的 VC 就不會再投資中國的新創了，包括你今天所看到的阿里巴巴、騰訊、滴滴或者是抖音，沒有一家不是靠西方的 VC 公司做起來的。

這個機制被堵死了以後，我覺得這整個投資的資金流動也會產生非常大的傷害。也就是說兩個系統在這些利益的共享上面也會失去一個平臺。拜登最近在警告美國的公司在香港的風險，這個東西事實上就是雪上加霜。所以這一塊我是覺得未來兩邊的關係在貿易上，從剛剛講的在基本領域裡面的數據跟金融，還有中國整個發展方向的取向中，會讓這些脫鉤，所以這是比較值得擔心的。

中美對抗下的兩岸未來發展

郭正亮
（政治學者及政治人物）

”台灣面對這樣大的國際佈局，沒有反省到美中博弈的長期趨勢下，可能產生一些平衡的空間，就是一面倒向美。你可以去對比菲律賓、韓國甚至越南還有日本，台灣大概是最明顯一面倒，那就導致於政治上發展出最極端的一個氛圍。“

大國博弈下 台灣一面倒政策可行？

亞洲各國都在中美博弈的大壓力下，每一個國家選擇的策略都不太一樣，總的講就是有牽涉到美國所塑造的國際大氣候，然後另外國內的小氣候是你執政黨所塑造的氣候，每個國家的執政黨都不一樣，所以選擇都是不一樣。我覺得要從這個角度去思考，你才能夠去找到台灣的空間。基本上我覺得美國跟中國的博弈，就是把圍堵中國的整個局從軍事擴張到其他領域。比如說他現在也開始經營政治面，比較明顯看到就是香港、新疆，然後他要做民主峰會這類的；另外比如說科技面，科技面就是從反華為開始，後來就開始推清潔網路，然後制裁所有跟軍有關的企業，大概就是這些領域的擴大。

台灣面對這樣大的國際佈局，我覺得台灣的選擇到目前為止都是一面倒，而且都是沒有反省到美中博弈的長期趨勢下，有可能產生一些平衡的空間。你可以去對比菲律賓、韓國甚至越南還有日本，台灣大概是最明顯一面倒，導致政治上發展出最極端的一個氛圍。我簡單講過去台灣跟大陸在競爭，我們可以說是中華民國跟中華人民共和國的競爭，那這個是制度競爭，可是現在你已經上綱到台灣民族主義跟中華民族主義的矛盾，可以說本來是政權的競爭，現在變成是網路民粹，人民跟人民之間的競爭，這個就很麻煩了，因為你現在已經變成是民族主義，本來大陸政府跟大陸人民還可以做區分，現在都把它混在一起了，所以可以看到武統的聲音是從民間開始，然後逐漸的對政府產生壓力，然後中共政府也開始越來越少政策上的選擇空間。

當國家之爭轉成民族之爭 改變政治氛圍壓縮選擇空間

當我們面對美國，美國的基調還是制度競爭，他只能在自由民主對於香港、新疆然後對於人權議題自由民主議題的支持。可是我覺得台灣挺成台灣民族主義跟中華民族主義，不是政府跟政府之間的競爭，變成是人民也捲進來了。這會讓政府自己陷於被動，把本來有的政策跟政府的決策選擇空間，自己都綁死了。我長期參加民進黨，從來沒有想過民進黨政府的政權，在最近這兩三年內變得如此的一言堂，他煽動的網民崛起，造成了自己決策上選擇越來越少。

如果從這裡去想說台灣應該要如何選擇，就是要回歸到原來兩岸競爭的本質，回歸到本質應該是制度上的競爭，回歸到就是你並沒有想要把人民捲進政府之間的一個競爭，這個是第一個。因為政治的氛圍會影響到我們後面所講的軍事跟經貿上的選擇；政治是一個大的論述，那如果這個論述你沒有處理，那後面的軍事、經貿、科技的政策選擇，就會變得非常的有限。

日漸高張美中台局勢 軍事如何佈局？

我們來講軍事，軍事上美國的佈局也是很清楚的，就是圍堵升級。可是美國也知道他的財政能力越來越有限，比如說美國的軍事預算大概是七千多億美元，如果也把通膨算進來的話，那美國現在已經知道，它難以用一國霸權的資源來圍堵整個中國的發展，所以很明顯他開始發展出幾條線了。第一個就是放虎出籠，簡單來講還是要日本扮演更多的角色，所以他希望日本增加國防預算，然後日本要站到更前沿去。比如說美國可能會讓部分軍隊從沖繩基地撤到關島，也就是美軍現在逐漸會撤到第二島鏈，那第一島鏈誰來填補？顯然就是日本，那第二個就是台灣，台灣也被推到前沿去了，我們要非常謹慎。

那第二個叫三海連線，他就是要從東海連到台海再連到南海，同時發生衝突，但我們知道要大國之間發生直接戰爭是不太可能的，因為風險不可控。以前冷戰期間一九四五年到一九九一年，美國跟蘇聯從來沒有發生過直接的衝突，都是代理人的戰爭。我覺得美國還是同樣的思維，就是希望用代理人戰爭去損耗中國的國力崛起，那這裡面所安排的局當然包括日本、台灣、越南、印度，很不幸地，他最可控的變數就是台灣，因為台灣在政治選擇上是一面倒，所以在軍事上變成前沿的可能性，選擇空間就最小。

我們最近看幾個軍事上的選擇，比如說美國賣給台灣一些軍備，事實上已經快要到貨了，那台灣就會變成非常敏感的議題。我隨便舉例，比如說他賣給台灣海馬斯多管火箭系統，台灣如果把它擺在東沙島，那我認為兩岸一定會出衝突。那退而求其次擺在太平島也非常嚴重，再退而求其次擺在澎湖，也是很嚴重，為什麼？因為海馬斯多管火箭系統它的射程超過三百公里，你去想像它的結果。那另外美國也賣給台灣被稱為死亡之神的無人機，一架高達一．五億美金，事實上就是希望台灣能夠把它擺在海峽中線，做四十八小時不間斷的巡邏，為什麼？因為美國就是缺乏台海中線近距離的情報收集，所以美國賣給我們武器都是有設計的。但要去想一想，二〇二一年中國大陸的國防預算是台灣的一五．八倍，距離是很大；事實上如果去當美國的代理人，那很容易就讓自己陷入戰火之中，這裡面做取捨。

外交衝突下的經貿 台灣定位怎麼走？

再進一步就影響到經貿科技。菲律賓、越南、韓國甚至日本，很多國家都是希望能夠在美中之間左右逢源，然後極小化被迫站隊、被迫表態的衝擊；可是我們台灣因為大部分都選擇一面倒，所以衝擊都最大。我舉個例子，比如說美國它在反華為之後在全世界推出藍點計畫，就是我們廣義講叫清潔網路計畫，日本到二〇二一年都還沒有表態，日本它反對華為這個是確定的，可是他沒有加入清潔網路計畫。我們台灣是第一個加入，而且這個範圍還包括教育部，這個實在是非常離奇，比如說我們教育部連大學各院校都不准使用 ZOOM 這個軟體，ZOOM 這個軟體連美國自己都沒有禁止，台灣是連校園都不准使用，台灣表態的前進深度，跟自願成為更激進鷹派代表的政策選擇，讓人家感到匪夷所思。

這些情況下，要在亞洲要做多元的佈局，會面對非常多的困難了。比如要爭取參加 CPTPP，CPTPP 是共識決，裡面也有幾個國家跟中國關係是不錯的，這裡面的個別國家可能變成變數，會造成很多的困擾。台灣事實上現在對外的出口大部分都集中在亞洲。我們的進出口貿易，如果把中國、東南亞跟日本都算進來，大概都超過六成以上。所以事實上，台灣優先要思考自己的亞洲定位問題，因為即使能夠跟美國簽 FTA、BTA 或者 TIFA，對台灣的幫助是很有限的。所以如果不做自我定位，自認為可以跟美國完全綁在一起，我覺得就是在政治論述上走太遠，導致於自己成為政治、軍事上的前沿，成為中國大陸抵制的對象。

我們應該從亞洲各國的政策選擇上，去調整與中美之間距離，從這裡去找台灣的出路，我們應該去取經日本他的作為，雖然廣義來講安倍跟菅義偉基本上是比較右派，但他還是留下這樣的一個政治上空間，更不要講韓國、菲律賓。

只有在政治上去尋求一些比較不一樣的多元聲音，保持在執政聯盟裡面，或者說是主導台灣的政治力量裡面，那在軍事、經貿跟科技的政策選擇，我認為就會有比較多元的未來選擇空間。

國際政經新規則與台灣政經前瞻

薛琦
（經濟學者、余紀忠文教基金會董事）

“看到國內最近的一些公共政策制定，我覺得都對知識、科學的漠視，好像做任何事情開心就好，但這樣做的話，以後要付的代價很大。”

政經衝突下 無可避免的代價付出

現在的網路科技很發達，導致民主政治在某個程度裡面跟民粹是分不開的，但是如果任何事情都以民粹來掛帥，那這個是很可怕。當然我會比較一廂情願，或者說我會認為那些人還是少數。民主政治本來是一個妥協，本來是中產階級，本來是和平的一個政權，我們都相信它是好的、正面的，但是尤其看到國內最近的一些公共政策制定，我覺得都對知識、科學的漠視，好像做任何事情開心就好，但這樣做的話，以後要付的代價很大。

所以我簡單的講，就是說經濟其實是最自然的。我還記得凱因斯在他的一般均衡理論裡面就講了一句話，他說「人都有支配別人的慾望」，這個在政治上就是如此，然後他說「你為什麼不把這個欲望，讓每一個人都去做自己口袋的掌控者」，就是去支配你的口袋就好。所以在市場上、民生主義裡，這個實際上是共識、交集最大。那當政治跟經濟衝突的時候，怎麼辦？可以知道的就是經濟上一定是雙方會付出代價。我講一個事情好了，我最近看到一句話是 Dwight D. Eisenhower 講的，他說「What is important is seldom urgent.」，如果突然間發生了一些很嚴重的事情，他說那個都不是那麼緊要的，反過來他說「what is urgent is seldom important.」，急迫的事情如果它會變成一個麻煩的話，都是你過去你沒有好好做。

從各國際議題 看台灣問題

我們來看最近一個問題，二〇二一年歐盟已經說二〇二三年，要從三個產業要來課碳稅，通常的一個做法就是，先把每一個產業的碳排放量先把它定出來，然後你自己認為那個產業它應該的碳排放量，他要自己控制降到什麼樣的水準，那降不下去的就去買碳權，這個碳交易就是這樣來的。歐洲到二〇二五就要全面實施，美國也呼應說這樣的做法。回到台灣產業，從半導體來看，是一個非常耗能的產業，這些產業未來怎麼發展？現在已經二〇二一了，這個已經是兩年或者是五年之內馬上就要做的事情，我們好像沒有人 care 這件事情，我們真的是人微言輕。

再講區域的貿易協定，我完全同意現在的政府九九％完全已經賭一邊，那中美之間為什麼不能簽一個貿易協定？而且剛剛講 CPTPP，你要注意這個中國大陸還不在裡面，那以美國的這個影響力，為什麼我們不能加入？若美國連這個問題都不能解決，還期望可以從美國得到什麼？只能說上層的政治問題不解決，雖然經濟只是一個 Infrastructure，但是我覺得這樣的 Infrastructur 他不會很堅實。

（本篇由二〇二一年八月四號「中美對峙下的全球新規」視訊會議集結而成。）

策畫、整理：陳東伯、黃鈺安

專題二

下一個世代？一頁知秋的數位公民社會

第一章 網路世代下的文化衝擊與蛻變

前言

近年來網路普及與智慧型手機的問世，每人每日要處理的資訊量比起二十年前要多出五倍，人們共享相同的平台，轉瞬間取得信息，文化疆界就此被打破，人文思潮在科技洪流下遭遇強烈衝擊，傳統價值正逐步凋零。資通訊發達本該使溝通更為順暢，然近年來海內外瀰漫對立氛圍，同溫層效應讓意識形態之爭凌駕，人與人之間的溝通了解，在追求科技發展的鍵盤上，彼此日漸疏離，各自在低頭敲打；自由個體膨脹，在高端數位的競合裡徬徨，造就自顧自冷漠現象。台灣多年朝向自由民主方向努力，今卻個人主義瀰漫，對意見相左群體缺乏包容，失去關懷與同理心文化，社會間越來越傾聽不見彼此的聲音。

另一方面，台灣科技和創意實力可擠身全球前端，何以在文化輸出上不如鄰近韓國，能藉由影視、娛樂產業走向國際？科技發展本為增加生活便利性，我們反忘卻閱讀思辨賦予的心靈成長與文化薰陶，多久，未能靜下心閱讀一本好書呢？

獨立思考勇於迎接轉變，付出行動參與社會進步與改造，這正是我們要對談的主題。

引言

林聖芬

（清華大學副校長、余紀忠文教基金會董事）

”希望集結台灣的正面力量，縱使民主社會還不盡成熟，還正在歷練中，期待對談讓大家反思，韌性面對、尋求價值與定力。“

面對科技與人文的衝擊，一代傳承一代，需要更多人關心參與公共事務，並有夥伴一同努力前行。錢永祥教授，關注且比較民主化近程，長期觀察與推動台灣公民社會學習，他一直保有寬容、平和的態度面對困境，其主編「思想」叢書數十年從未間斷；施振榮董事長是具備遠見的企業家，也是科技新知的領航者，早在李國鼎跟孫運璿的時期，他開創、分享資訊產業平台，並涉足人文關懷，至今不懈；呂學錦先生，從類比到數位，在台灣電信基礎建設上率先領軍，一點一滴做起，而今日談網路衝擊，更深刻擁抱、結合東方人文精神。兩位年輕一輩，何榮幸，是老中國時報人，今天在資源匱乏之下獨立奮鬥，關懷與挖掘被遺忘、看不見的角落，其中有風雨、有血淚，只為維繫媒體風骨跟初心；詹正德，擁有一家小小的獨立書店，他集結各地書屋，偕同過往書店藏禁書的記憶年代，與愛鄉愛土的朋友，共同論思潮、訴衷情，他經營書店、選書分享，看書、寫書，守書香。

余紀忠文教基金會三十幾年來關心各種公共議題，在人類的文明發展中，網路帶來效率、方便，卻衍生很多新的問題。今天主持各位的對談，就是希望集結台灣的正面力量，縱使民主社會還不盡成熟，還正在歷練中，期待對談讓大家反思，韌性面對、尋求價值與定力。

以進步史觀論網路時代

錢永祥
（中研院兼任研究員、余紀忠文教基金會董事）

”網路社會的開放性，加強了人與人之間的交往，這些外在制度與社會運作的變動影響到人心內部，也造成許多正向面能夠發揮更多作用，反之，如果是封閉的社會裡，人開始產生各種恐懼的心理，而造成魔鬼的力量開始抬頭。“

歷史角度出發看時代

我可能不太算網路世代，卻無論如何都分享了這個時代，我稍微想一下，每天早上起床，如果沒有網路我不能工作、聯絡、社交、休閒，網路幾乎把生活全面的占領、支配，從意義上來說網路的滲透力量非常驚人，要仔細想想這樣滲透的結果到底是什麼？

我覺得我沒有能力去說網路世代的特色，但我想從對歷史發展的看法、信念出發，我相信人類的歷史是在進步的，大家看周圍這個世界常常會覺得哪裡有進步，但實際上只要找到適合的角度去看，可以發現人類的歷史是在進步中。這個時代中，科技、各種文明力量的發展，的確使得人性、人類間彼此相處的方式有了進步，所以在談網路時代的時候我也想放入進步史觀的角度來看。

網路時代的進步面？

首先網路時代的進步面是什麼？當然有正面也有負面，最簡單講就是網路時代有幾個特色，一個是資訊的增加，這部分我們深受其利，今天若想了解任何知識，網路上面幾乎包含了所有資訊，大到抽象的理論，小到生活中電影上映日期，這種資訊供應幾乎是無法窮盡的，網路幫我們提供最方便、豐富的資訊來源，讓離開網路變得無法想像，網路時代的特色就是資訊的豐富。而資訊增加也等同於知識增加，以前寫文章的時候可以用知識的排列，來使人家接受你的論點，今天單靠資訊則沒有辦法論證，必須要有更深入的分析跟整理，才能夠做出說服人的論證。接觸新事物機會也增加，包括不同的文化、生活方式、宇宙觀、世界觀與宗教，這些在人類的歷史上都起了非常重大的進步的作用，過去二十年來這種進步的力量，一大部分都是靠著網路來進行的。

社會、個人的互動開放

網路也使得貿易範圍的擴大，為什麼特別提到貿易，因為貿易其實是人類非常重要進步的動力，貿易又是什麼意思？貿易的反面是掠奪，過去貿易不普遍時，人們想要獲得自己沒有的資源、物資，只能用掠奪的方式，到了商業的出現，人類開始用貿易作為互通有無的媒介，掠奪的必要性就降低了，沒有掠奪就比較沒有屠殺、戰爭，貿易本身假定了貿易雙方的平等，並需要契約式的安排，這些人與人之間的平等、契約觀念的建立，都是貿易帶給人類文明非常重要的資產。

人與人之間互動也更為方便，不單只是個人間的聯繫，特別像今天新冠肺炎，人與人之間的交往，幾乎需要透過網路來進行，今日在各個產業，比如學術、產業、新聞、政府、商業界都可以透過網路來互動。人與人之間越交往帶來的結果，是相互依賴的程度增加，如果不交往就沒有依賴，只要開始交往就會開始依賴對方，依賴是交往的結果、依賴是交往的動力，這兩個東西是非常緊密的關係。網路發展所造成的影響，有各種各樣的形容、評價，但其所帶來的資訊增加、貿易擴大、交往方便、接觸新事物的機會，都有助於社會個人心靈的開放，因此網路帶來的社會進步可以從這幾個方面來看。

網路時代的陰暗面？同溫層效應

說完正面的部分，那陰暗面呢？我們講簡單的例子，人在兩種情況下會發生恐慌，一個是在封閉的環境裡面，你會覺得有壓力、開始緊張恐慌；另一方面，把你放在完全開闊的環境，裡面沒有限制與邊界，你也一樣會產生恐慌，人類會害怕封閉的環境也會害怕開放的環境，我們剛剛講的網路社會所帶來的各種開放的效果，其實對於人類造成了威脅。人開始找自己的同溫層，只跟自己熟悉、同樣價值觀的人說話，開始排斥不一樣的人，這些負面的情緒與傾向，我認為是因為處於一個特別開放的環境才會發生。

如果我們是在自己熟悉的桃花源裡生活，對於內部的凝聚力就不需要強調，因為沒有外來者的挑戰，所以不會覺得非我族類、其心必異。所以開放的結果也造成人類社會反而展現出更強的封閉性、排他性，很多人說社交媒體造成了不好的影響，如美國、台灣的選舉過程，這之中牽涉到媒體本身運作的特性，可是從人類的心理上來看，在這種特別開放的環境裡，人開始去找與自己相同的人，這個時候就會產生排他的心理、自我建立堡壘，每個人都是自己的城堡。

「人性中的良善天使」對我的影響

剛剛提到的網路所帶來正反兩面的問題，我想把它化作兩個層面來談，第一是時代的開放與進步，能不能變成個人的道德進步？第二是開放與進步能不能促進社會的學習與積累？這邊我用了一本書來解釋這兩件事，《人性中的良善天使》是這十年來對我影響非常大的一本書，從進步史觀，到網路社會帶給我們人類道德社會進步、陰暗面的可能，上述很多觀念是從這本書裡來的。

書名《人性中的良善天使》來自林肯的一句話，林肯覺得人心裡有善良的天使，對應之下就是人心裡也有一些惡魔，而到底是什麼因素、機制，使得天使可以發揮作用，又是什麼機制使得惡魔的力量可以被壓住？答案可以回到我不斷強調的，網路社會的開放性，加強了人與人之間的交往，促進貿易制度的改變，這些外在制度與社會運作的變動影響到人心內部，也造成許多正向面能夠發揮更多作用，反之，如果是封閉的社會裡，人開始產生各種恐懼的心理，而造成魔鬼的力量開始抬頭。

科技發展中的新文明

施振榮
（智榮文教基金會董事長、余紀忠文教基金會董事）

”做一個領導人不斷地要思考哪裡可以創造新的價值，而這之中，相對的動態平衡也是重要的。“

文明利基 共創價值

文明與文化因過去歷史的積累，不斷在演進；而網路是一個虛擬的世界，是新的工具與媒介，幫助我們不斷創新，並對社會創造價值，並同時成為很多創業的新舞台。一直以來我想談的就是王道，王道是大大小小組織領導人的領導之道，是我基本的信念，使人能夠正面看台灣的願景跟未來。而做一個領導人應有基本的信念，就是要不斷的創造價值，其中很重要的概念是共創；利益雙方都是在共創價值，也做價值的交換，而這中間更需要考慮利益的平衡，所有利害相關者之間的平衡，非常很重要的，是整個社會、文明可以永續發展的利基點。

談到價值，我在一九八九年就提出了六個面向，直接、間接、有形、無形、現在與未來。一般人對於顯性價值比較有感，也可以說對直接、有形、現在的比較有感，對於間接、無形、未來的價值比較無感。在資本主義裡，股東利益最大化，華爾街的思維就是以顯性價值為主，不過就算是以賺錢為目的的華爾街，其顯性價值還是要靠投資很多隱性的價值，才能夠展顯出來，所以身為領導人，必須考慮整個六面向的總價值，設想到很多人類文明，都是因隱性價值而發生，比如研究發展與教育。

利益平衡 願景人文科技島

做一個領導人不斷地要思考哪裡可以創造新的價值，而這之中，相對的動態平衡也是重要的。民主政治裡面有個問題就是一人一票，這是絕對平衡，世界上沒有絕對平衡，需要相對、動態平衡不斷調整機制，並非沉溺過去而是面對未來，未來相對平衡的機制與以前可能不同，未來有價值的東西與現在、過去可能不一樣，因此不斷創新、創造價值，不斷調整相對平衡的新的機制，讓大家有一起共創價值的誘因變得非常重要。

我在一九八九年在總統府提出科技島概念，其中談到一個重要議題是世界公民，那時候媒體沒有人報，因為概念比較抽象，大家沒有共鳴，但是我當時就提出台灣未來一定要國際化，而國際化就要與不同地方共創價值，把自己定位為在地企業公民的角度來國際化；後來科技島概念討論熱烈，我又想加入人文二字成為人文科技島，來完備這個概念，因為文明是以科技為核心，從鐵器、銅器到工業最後來到資訊時代，都是跟科技作為關係，文明與科技相互依存發展，影響了人類生活與工作模式，甚至是精神跟思想。

以矽文明出發 成為世界中心

今天面對未來國際上的全球競爭，我們的製造業是一個很重要的基礎優勢。矽谷是一個創新的地方，不單只有技術的創新，許多新興企業模式都是從那邊來的；台灣是世界技術最領先、產量最多的一個矽工島，那為什麼不能當成一個創新的矽島？創新是創造價值之源頭，沒有創新就沒有辦法創造價值，Si-nnovation Island 不是只有做矽高科技，人文社會跟各種學科領域都可以做創新；但再怎麼創新恐怕逃不出與矽有關，未來的發展就是矽為核心，我們剛好是全球最領先的一個地方，台灣絕對是世界的中心。

今天的主流科技是矽，而台灣的矽文明（Si-vilization）應屬於東方思維，走出自己的道路。從矽的角度來看，我們已經做了很多硬體，全世界的硬體都與台灣相關，零組件、開發、生產、製造，都有台商或台灣人參與主導，建構成一個完整的網絡；可以說台灣在物質文明上，是世界最重要的貢獻者。二〇〇六我就提出購買個人電腦的金額會逐年下降，目前看來確實如此，而這些都是台灣的貢獻。擁有創新的科技矽島，再加上中華文化的底蘊，我相信我們是絕對領先的，這是一個新的精神文明，也因東方文化與西方的本質不一樣，才有不同價值。

科文交錯 發展智慧醫療

另外，人類文明的重中之重之一是健康醫療，數位防疫在連網以後，對未來健康自我管理有很大影響，台灣絕對會在這一方面做出貢獻，雖然國內也有人認為覺得醫療若輸出會對國內不公平，但實質上我們能夠透過電子醫材、人工智慧對全球的人類做出貢獻。醫生的目的不是賺錢，所以我的使命就是要讓醫師睡覺也能對人類做出貢獻，這十年來我不斷在醫院裡做演講，希望透過網際網絡的發達，在休息的時候都能為全世界的人做服務。我花很多時間，去思考如何做個人的社會責任，推動智慧醫療發展就是其中之一，我認為創新矽島或東方矽文明的重中之重，就是跟台灣最優秀的醫界人才；而進一步發展本地智慧城鄉，則是為了提升生活，科技資源更應投入來改善生活品質。優質生活應以物質作為基礎，在基礎上才傳遞更多的精神生活，科技與文化相互交錯，成為一種新的精神文明展現。

執行很難，但是我永遠是反向思考，面對未來正向樂觀，而解決方式絕對非原來的模式，一定是新的模式，舊的模式就是造成我們今天面對的困境，所以要尋求突破，也就是要大家集思廣益，這個突破本身改變思維、機制都是非常不容易的，需要鍥而不捨，花長期的時間來努力，不能坐以待斃。

站在人文與科技的交會口

呂學錦

（交通大學榮譽教授）

”我常在想假如有一天我們的導航系統當機了怎麼辦？智慧型手機每人每天隨身攜帶，相信大家都知道，而這樣的裝置影響的不只生活，還有互動、學習與娛樂。“

賈伯斯說：「我喜歡站在人文與科技的交會口」，賈伯斯是一個很特別的人，所以他的事業、對人類的貢獻也很特別，他喜歡去京都的禪修的場域，我想這個大概就是人文與科技的交會口。

網路平台創造文明進步

人類文明的進步肯定是科技帶來的，看看我們的中華四大發明，我列在這裡的幾個項目（指南針、火藥、印刷術、造紙術）大家都耳熟能祥、經常在使用，科技進步下，這些重要的發明都已經融合在智慧型手機上。造紙跟印刷術也已經被數位出版取代掉，不需要紙也不需要印刷術，只要有影印機就好；郵局現在最大的業務是運送包裹，信件已經很少了，科技發展到這邊真的改變了生活，舉凡：溝通、聯絡、學習、工作、社交、娛樂，還有提供我們 AI（智慧助理）。

又比如我們現在開車必須趕快設定好導航，現在所有的運輸業都在使用導航，我常在想假如有一天我們的導航系統當機了怎麼辦？而智慧型手機每人每天隨身攜帶，它的很多功能同時也是感測器，可能把使用者相關資料送出，相信大家都知道，而這樣的裝置影響的不只生活，還有互動、學習與娛樂。如果說文明是我們共同生活凝聚的內涵，是可以讓未來的人來回顧的話，這樣的發展對人類文明是相當衝擊的。

科技發達普及了虛擬世界與網路文化，這之中更重要的是在背後支撐的平台。從數據顯示，二〇〇一年開始每隔五年全世界最大的公司市值，前五名的排名到二〇一六年都是平台公司，從微軟到蘋果，各種平台可說是蓬勃發展。所以現在講數位經濟、智慧國家，需要思考的是我們有沒有能力創造平台經濟、創造平台引發的文明跟文化產業。

ICT 融合產業創造價值

5G 時代更帶來的一些改變，傳統上我們做電信的人都是只講速度，行動寬頻、資訊速度越來越高，這大部分都是給消費者用的越快越好，比速度以及涵蓋品質，5G 最大的不同是它帶來 mMTC（巨量機器型通訊）以及 uRLLC（超可靠與低時延通訊），這都是一般傳統電信很欠缺且能力很有限的，消費者用的都只是冰山的一角，這樣巨量的、超可靠低時延的通訊所帶來的機會跟對整個社會運作、生產研發、醫療等等，所有的改變指日可待，需要時間、需要各行各業去理解這樣子新的能力會帶來什麼樣的效用，必須從理解與認知開始才會去採取行動，5G 在除了高速率之外的應用，需要時間去理解、嘗試、體驗，重要的是體驗，因為體驗知道它這麼好用，你就會同意，所以 5G 真的是非常重要。

5G 帶來的商業模式與原本傳統的不太一樣，需把整個 ICT（資通訊科技），也就是資通訊的技術帶進來。我在中華電信的時候，很早就強調資通技術的重要性，ICT 現在透過 5G，與各行各業的專業能力密切結合、融合，融合得越深效力越大，所創造的價值越大，包括文創、文化藝術方面也要善用 5G 所帶來的新的能力去創新，各行各業 OT + ICT（+ IOT + Big Data + AI），使得大數據分析與人工智能更會成為很重要的部分。

實踐 VR 應用 結合文化

整個 5G 產業鍊很長，包含晶片、零組件、終端設備、網路設備系統、電信網路，並且多了以前在談電信的 Eco System 鏈裡面「服務應用」這一塊，服務應用的重要性需要被各個電信業者認知了解，必須涵蓋並花心力發展這一塊，才能夠有辦法在整個產業價值中，分到比較重大的一部分，如果你只提供數據連線，很抱歉你還是笨水管，那個價值在總產值裡面不到一〇%，而服務應用可以高達三〇%、四〇%的價值。

舉一個實際例子，我們現在看到未來很重要的新的體驗是 VR、XR，國內有一家公司：XRSPACE，創業三年把 VR 的頭盔、平台，並加上一些應用內容已經成功產出，雖然還不是非常完美，至少他已經做了，這是很了不起的。外貿協會董事長黃志芳就與 XRSPACE 創辦人談合作，希望透過這樣的技術平台，特別在疫情期間大家不方便出國，也能做到產品展示會的效果；另外就是文策會也將跟 XRSPACE 規劃出 X-Reality 這樣的展示，希望能夠展現台灣在未來內容領域中的豐沛創作與實力。VR 提供一個嶄新的展示的機制，倘若能與中華文化資產結合，透過網路平台傳播到全世界，這將是將來各界可以去嘗試的目標。

數位轉型跳脫傳統思維

二〇〇八年的金融危機，那時候的物網寬頻才開始發展，韓國抓住這個機會推廣寬頻網路建設，推廣韓國的影劇，蓬勃發展韓流。台灣也可以比照模式，在全世界在 VR、XR 方面做平台；而一個平台是架設需要豐富內容與應用，這絕對不是單靠一家公司能夠做出來的，需要群策群力大家一同朝這個方向來努力。我要呼籲掌握資源的人，尤其是政府單位，在創意創新的產業發展裡，千萬不要用傳統的 KPI 來要求，傳統的 KPI 如果能夠達成也不需要政府協助了。

整個轉型升級我關注了幾年，數位轉型最難的是第一步，數位轉型不是只有買電腦、找幾個人來寫程式、開發應用而已，數位轉型是企業、政府文化都要改變，智慧政府不是成立一個數位發展部政府就數位轉型成功了，是每個部分都要來的，當年靠著孫運璿、李國鼎大力推動，才有今日台灣矽島與台積電的成功，這個機會很難得，我認為台灣在 5G、VR 流行文化的浪口上機不可失，錯過了便不再來，我們現在需要具備有遠見、魄力、膽識的政府，我建議也鼓勵政府大膽一點迎接挑戰。

媒體興衰與重建公共文化

何榮幸
（報導者文化基金會執行長）

”這些年來媒體跟記者的公信力太崩壞，我們都忘了媒體曾經有過很精彩、不錯的老靈魂，媒體存在的時間不必久，它如果曾經能夠影響一整個世代，就有價值。“

媒體業是這幾年網路巨變中傷害最重的行業，大家都覺得媒體表現爛，所以罵媒體爛，可是你罵媒體爛媒體不會自動變好，在這個重傷害行業裡面，自己的新聞需要自己救，我想分享在這種廢墟裡面，用另外一種方式重建的可能，而到底要重建什麼呢？我們想要重建公共性與公共文化，想要重建現在社會，因為彼此撕裂而消逝的共同價值。

優美老靈魂為何消失？

這些年來媒體跟記者的公信力太崩壞，我們都忘了媒體曾經有過很精彩、不錯的老靈魂，比如說我在念台大社會系那四年對我影響最深的就是──人間雜誌，他只存在短短的四年，但媒體存在的時間不久，它如果曾經能夠影響一整個世代，就有價值。人間雜誌這個老靈魂曾經帶給台灣社會的珍貴價值是，它用報導文學、用黑白紀實照片去關心台灣社會、弱勢，關心主流媒體不願意關心的小人物，這是曾經存在你我心中的美好記憶。

我的老東家，余紀忠先生時代的中國時報，也是屬於那輝煌的年代；我在擔任中國時報副總編輯期間，做了大量的調查報告，從公共建設的閒置浪費，台灣農村的休耕問題，到公民社會的發展，深入去關心每個社會議題。這些調查報導需要時間、人力更需要媒體的支持，然而現在媒體崩壞、網路快速發展的時代，不會有媒體願意花時間、資源，來做需要去揭穿權勢人物謊言，去嚴格監督政府的調查報告；這正是我們在媒體世代轉型當中，所消失的東西。

沒有對社會弱勢邊緣者的社會關懷，少了用調查報告對於社會重要議題的深度追蹤，現在媒體需要的是生存、點閱、廣告、置入性行銷，用各種方式讓自己活下去。整個網路時代，總結起來對媒體重傷害的方向大概就是，私利凌駕公器，追逐點閱率之外，媒體可能扮演的良善的、監督政府的、重要的角色大幅度的萎縮。

我看 ProPublica 的先例與意義

如果媒體在商業模式裡面，就無法掙脫這種結構性的困境，因為生存畢竟是最重要的問題，那你要他兼顧理想跟現實，就商業媒體來說確實是比登天還難，但為什麼不擺脫這個遊戲規則？乾脆跳脫商業媒體的邏輯，我們走走看非營利媒體這個模式，全世界已經有很多媒體開始在走這條模式了，為什麼台灣不能把這條路勇敢的走下去？非營利媒體模式目的就是要在現在這個網路典範轉移的過程當中，重建我提到的核心價值，我們需要去擺脫點閱力這件事情，重新重視媒體的影響力。

有一個非常具啟發價值的媒體，是在二〇〇七年成立的 ProPublica，它完全只活在網路上，用非營利組織的分式存在，意思就是只接受捐款、沒有任何的廣告、當然不可能有置入性行銷，目的是為了不受政府、財團、廣告主任何外力的干預，這樣的一個調查報導網站剛成立的時候差不多三十人，但這十幾年來它已經拿過了四次普立茲新聞獎，成為美國現在最有影響力的調查媒體。ProPublica 給我的啟發讓我覺得掙脫商業媒體的遊戲規則、重建一個媒體可能改革的路徑是有意義的，而且是可以活下去的。

成立報導者 追蹤社會角角落落

五年前我離開了天下雜誌，也在五年前成立了報導者。我與夥伴們決心要擺脫所有外力的干預，要真正做到完全獨立自主的新聞。以公益基金會模式成立，我們接受社會各界的捐款，但即使你捐再多的錢，你都必須要遵守三不原則：不擁有這個媒體、不干預這個媒體、不會回收你的任何一份捐款，這樣這個媒體才能夠做到真正獨立自主，找回我剛才提到這些重要的核心價值，努力在沒有任何老闆、包袱下去共創社會的價值，去重新拉攏被撕裂的社會促成對話。報導者幾個重要的特色，就是除了沒有廣告之外，我們也沒有任何點閱數字，就是要擺脫點閱數字的迷思，所有人都只想報導越多人看的新聞，可是很多符合社會公益、大家更想知道的真相點閱率低一點又怎麼樣，重要的是它有影響力、它的重要性。

報導者走了五年我們是用什麼的態度去找回這些重要價值？是調查報導。在成立第一年我們調查報導「血淚漁場」，整整花了半年的時間從台灣一路調查到印尼，去調查台灣的一千五百艘遠洋漁業上面，大約有兩萬名外籍漁工他們在我們的遠洋漁船上面的真實處境，他們長期被虐待、剝削，這對台灣的民主形象是很大的傷害，更嚴重的是台灣的遠洋漁船去濫捕海洋資源，所以我們被歐盟亮起黃牌警告。

透過我們的揭發這些漁工的處境，透過後來政府跟各界長期共同的努力，我們終於在最近歐盟對台灣解除了黃牌的限制，否則更嚴重若未來紅牌就會是經濟制裁。這項報導我們跟主流媒體蘋果日報同步出擊刊登、共同發揮影響力，更促成了屏東地檢署從新調查我們認為疑點重重的外籍漁工的死亡案，與行政院長跟農委會主委馬上下令對遠洋漁船加強勞動檢查，要保障這些外籍漁工的權利。

找回公共性　跨越世代參與

陸續報導者又追蹤包含高風險家庭中的「廢墟少年」；並揭發台塑集團長期在申報空污數據的時候隱匿造假，把六輕相關報導集結成「煙囪之島」專書，這些實例就是報導者做

新聞的態度跟精神，投入時間、人力追查真相，找回媒體失去的公共性。

報導者是新媒體裡的老靈魂，我們相信古典新聞學的理想在這個網路時代不會消失、不應該熄滅，我們仍然相信文字的力量，相信用文字改變社會是可能的，但是我們也知道網路媒體時代的挑戰不容我們只是去懷念過去這些媒體優美的老靈魂，所以我們做了非常多新科技的運用、做了非常多數位敘事的改變，讓更多年輕世代願意透過我們去關心這些沈重的公共議題，去努力與時俱進。

最後我們所做的努力還是回歸到社會與媒體到底失去了什麼，我們所有努力的方向就是應該把失去的、珍貴的這些東西找回來，我們要找回來的就是媒體的公共性、公共文化、社會共創價值的可能性。我們不見的就是獨立的報導，如何把它找回來，就變成是自己的新聞自己救的最核心的精神跟動力。就是非營利媒體在網路時代如何找回公共性，如何共創價值的這種可能性。

眼球爭奪戰中的獨立書店與出版

詹正德

（影評人、作家、有河書店店主）

”獨立書店有很多意義，包含：文化多樣性、知識傳承、社區資訊及互助平台、在地公民培力、社運基地、世代教育、閱讀扎根。“

網路時代來臨，讓人不免擔憂獨立書店與出版產業的前景，談到獨立書店的現況就會接觸到現在出版產業，前一陣子書展因疫情停辦，很多出版社或書店都會在社群媒體上抒發自己的感受，整個大環境其實對出版產業是很大的影響，在出版產業裡或許獨立書店只是通路中很小的一環，卻也與產業息息相關。

獨立書店與社會連結

我開獨立書店，但到底什麼是獨立書店？我只簡單提一點，獨立不是我跟所有都不發生關係，因為你在這個產業裡面，跟所有的相關單位產生關係，如何在這個對應關係裡面保持獨立角色、身分、選擇、自主權，大通路會怎麼影響你，你要怎麼對抗他們？獨立書店從讀者、消費者與我們產生最直接的關係，難道讀者的所有要求都要滿足他嗎？這也很多例子可以講，獨立書店就是在這些關係中界定。

獨立書店有很多意義，包含：文化多樣性、知識傳承、社區資訊及互助平台、在地公民培力、社運基地、世代教育、閱讀扎根，每一項我都拿一個書店做例子。春陽號小書房，它是一艘船改裝成的小店，代表文化多樣性；東海書苑（邊譜書店），以販賣知識性的書為主，打造知識傳承舞台；小間書菜，在這裡倡導以書換菜或以菜換書，在當地的農業社區裡面，成為社區資訊及互助平台；台北華山有左轉有書，致力於在地公民培力，舉行一些公民書展；嘉義的洪雅書房標榜自己是社運基地，只要有興趣的事店主就去做，是非常有活動力的一個書店；花蓮孩好書屋，以親子教育為主題，強調世代教育問題需被解決；內壢有一個瑯嬛書屋，店主是以文學與性別議題為主的，並提倡閱讀扎根。書是需要被閱讀的，這些書店也是需要被閱讀的，每一間書店有它自己的特色還有存在的理由。

書業重生 友善書業合作社

介紹了這些台灣的獨立書店，再來講組織，我們獨立書店如果只靠大家自己在各地開花，在整個大環境不好的情形下是很難存活的，所以需要成立組織。現在有兩個組織，一個是台灣獨立書店文化協會；另一個是友善書業供給合作社。友善書業供給合作社創立的宗旨，是直接供應合作的獨立書店圖書，希望能夠打破現有圖書經銷區域不均衡發展的現況，不會因為地區不同而增加運送成本。

合作社二〇一四年底成立，由當時有志一同的五十家獨立書店一起參與，到今天已經有倍增到一百八十幾家店加入會員，成長了三到四倍，去年雖因為疫情稍微減少，可是持續在成長中，也陸續有新社員要求加入，合作社的存在是讓大家覺得開書店是可以生存下去的，讓有共同夢想的人，願意去嘗試。另外，合作社為非營利組織的特性，使得政府，也就是文化部願意有限度的支持補助，我們才能夠一路走下來，否則以合作社做的事情跟經銷商做的事情其實是一樣的，經銷商都要消失了，合作社為什麼可以活著？我們希望藉此不斷地喚醒更多人，覺得開書店是一個不錯的理想實踐的方式那我們來試做看看。

折扣戰下出版業寒風刺骨

網路對實體書店最大的困境就是折扣戰，折扣戰是長期以來的事情，可是去年雙十一將折扣戰加深擴大到難以承擔的地步。過去折扣戰到新書上架七九折為止，但近期電商用各種方式變相的折扣，滿千送百到所有書都六六折，小書店進書成本就是七折，根本沒辦法因應，以前七九折折扣戰還能夠硬著頭皮，六六折我們真的不知道未來在哪裡。

另外，整個出版產業消退也是問題，整個產業在二〇一〇年還有三百六十七億的營業額，但到二〇一六年只剩一百九十二億，目前每年都還在持續下滑，這幾年連兩百億都不到。書店一家接一家關門也不是新聞，當然這之中有很多社會變遷因素，包含網路使得消費習慣等影響，但實際的數字就是令人擔憂，二〇〇八年還有兩千六百家到二〇一六年只剩兩千一百多家，雖然聽起來數字還不少，可是裡面大部分都是在地的社區小店，實際有效販售書店只剩一千家。

從上游供給端到出版社、經銷到下游讀者書店這樣一路走來，整個被影響到的所有人裡面，最能夠發聲的還是我們小書店，經銷商幾乎都要消失，也根本沒有發言的權利，可是沒有人在乎這個問題，因為經銷商跟一般消費者沒有產生直接關係；作者的版稅有的也從一〇％變七％，也無從抱怨起，這就是現在很真實發生的情況。

安定的力量 心靈的滋長

出版業還有需要解決的問題，新聞上也都是看到書店要收，可是我們這種獨立書店其實是一直在成長的，加入友善書業合作社的，就從一開始五十家到現在五年後一百八十家；雖然傳統書店不斷在消失，因為他們用傳統的產業體系在經營已經很難維持了，我們只好用我們自己的方式，自己的書店自己救，創造一個新的產業、供應體系，把體系完備起來，這個產業就可以救起來。我二〇一七年把有河結束了，可是我在去年又在北投把它開回來了，我認為閱讀是種抵抗，你抵抗無聊的生活、不正義、各種不對的事情，當無能為力的時候你就看書，看書就給你力量，陪伴你度過孤單，心靈滋潤並成長，你的人與生活得到改變。

綜合討論

主題一：論關懷倫理公共文化

錢永祥

現今一個很特別的時刻，有人說風雨飄搖、弦歌不斷，目前也有點接近那個味道，但不管環境多麼的驚濤駭浪，我們自己頭腦需要清醒、心中要有定力。我絕對算不上網絡世代的人，但論時代，我無論如何都分享了這個時代，也想分享這時代中，人與人之間的關係，可回到兩個概念：關懷倫理與公共文化，這雖然兩者看起來好像有點距離，但我相信這其中的概念包含有一些關聯，並可以給我們啟發。

現在，讓我首先談談關懷的倫理，道德、倫理是具有普遍性的，不以特定人為對象。其中規則、美德、價值，都被認為這是道德很重要的部分，道德意識第一個成分為規則，在發展社會意識時，經過社會、學校的教育獲得了對規則的掌握，這是道德意識很重要的部分。而另一個成分是美德，就是個人身上的品格，比如你應該做一個誠實的人、慷慨的心態、勇敢的德性。最後提到的為價值，是比較社會性的層面，我們都希望社會能夠實現公平、平等、相互尊重這些基本的價值。

我們的道德意識來源大致可以分成這三個方面，這三個要素都是以普遍的形式出現的，這是道德很重要的特色，對於所有人都用一視同仁的標準對待。而抽象的道德之所以抽象，是因為它超越了具體的經驗，對這些道德下定義時我們不會涉及某一個特定的個人，這是道德最基本的要求，我稱它為抽象的倫理，它不是跟生活沒有關係，但是你對於它的界定與理解不屬於任何特定的具體情境、不是針對具體的個人所設計的，道德必然有抽象性這一面，這一面的結果是當我們在做道德實踐時，我們要做很多的判斷與決定，這過程我們每一個人獲得道德意識都有的經驗，我們去學習掌握這些抽象的原則、價值、美德。

但是我們的道德實踐往往走另外一條路，我們面對具體的個人時，因為與人的關係、處境下的決定，這個時候不是在應用抽象的道德理想，而是在面對具體的情境時一定會做具體的決定，這些決定與抽象的倫理幾乎沒有關係，這也是我們在理解道德意識時也要掌握的一面，我們如果不講抽象面時，我們就忽視了道德的超越性、普遍，如果只講具體的情境時，我們就忽視了是因為你跟這個人有某種特別的連結，因為這個情境對你產生啟示而這種倫理我稱之為關懷的倫理。

關懷是什麼意思？我覺得關懷第一個是注意到對方，注意力是非常重要的道德心態；雖然我們在成長的過程中都學會了視而不見，因為所謂成功的社會化，一定是學會了不要去注意很多人、很多事。關懷倫理首先要培養的是對特定的個人、情境要有能力注意、有道德的敏感性。第二個是關懷一定是針對不利的環境而發，所謂關懷是指一個人有痛苦、碰到不好的事情、遭受打擊、被人家壓迫，這個時候表示我們對他有所同情；而同情這個概念是有價值判斷的，同情的意思是說他的處境並不是他應該得到的、受到了不公平的待遇，關懷一個人不僅是注意到他的處境，並且對於該處境付出了同情的感覺、知道這個人受到的待遇是不應該的。一個人的遭遇是不應該的背後，預設了許多概念，拿掉這些概念我們幾乎不可能去做出判斷，也不會對對方抱持有同情與關懷，我覺得關懷是很重要的道德力量的來源，裡面包含的內容非常豐富，但我們平常沒有什麼機會去掌握這些東西。

現在講公共道德、公共文化，這個概念它是在台灣的社會裡非常被忽視的概念，上面講關懷的倫理裡面，設定的對於他人處境的感受能力、應賦予同情的程度、處境的理解與判斷，其實都需要有一套公共論述作為支援，這個意義上人的道德意識不是個人的事情，它一定有社會的一面。這個公共文化的概念，我是從當代美國政治哲學家羅爾斯借來的，他認為在多元的社會裡，當大家的價值觀、想法、追求的目標、心裡對錯的標準不同時，社會特別需要一個公共的文化做為大家從事辯論、思考以達成社會共識的資源，他用近代歐洲、美國歷史過程中發生的鬥爭、衝突，從十六世紀的宗教戰爭、平權運動到十九世界的婦女平權運動，一路累積沈澱下來的價值觀，這些價值觀都是社會很重要的資產。

大家有沒有注意到拜登就任的演講，他說他是所有美國人的總統，他強調美國分裂夠了，希望大家能夠團結起來，說沒有民主黨、共和黨、藍的、紅的、自由派、保守派，這種種紛爭是造成美國社會分裂的爭端所在，他希望能夠找到一個共有的基礎。他能不能找到我們不曉得，才剛剛上任外在的評論當然都是寄予祝福，但原有的分裂能不能真正弄好、彌補，很難說，至少現任的美國總統意識到這是個大問題、他願意努力。這表示公眾人物的確可以做一些事；正向凝聚群眾，且做了可能會有些效果。

在這些社會紛爭裡，我認為要回到個人的層面，可以說就是這種傾聽的能力。我常常覺得檯面上的政治人物，通常有一個生理特色，就是耳朵退化了，嘴巴特別的發達，不聽人家說話，只想要表達自己意見；另一方面，這情形在民眾身上，情況也蠻嚴重的。就是我們不太習慣去跟自己不一樣想法的人交往。比方說，當今天要編一份刊物，希望能成為一個發生、交流的平台，實際做的時候發現困難重重，很多人會先打量、評判所謂的立場、色彩，再決定要不要替刊物寫文章，若有某些文章比較傾向某一角度或觀點的時候，刊物的招牌就被界定，很多人就不會寫也不會看，這種區分的力量與劃清界線，存在非常大歧異。

每個人需要也可以多做一些改變，生活裡面如果永遠都是跟你一樣的想法、聲音、傾向、喜好，會很無聊。找一些不一樣的比較有意思，即使是碰到你不喜歡的人、不同意的人，那也是一個讓你思考、辯論的好機會。美國有位知名法官的一句話我很是認同，他說：「一個自由主義者的特色，就是他不確定自己的意見都是對的。」這個心態就是我們每個人都有自己的意見，但是我們隨時都要保有內心的謙卑，就是覺得我的意見可能是錯的。人的片面很自然，我們每個人都只有兩個眼睛，頂多只能看到前方一百五十度，背面的一百八十度度絕對看不見的，人的生理上就是片面的，為什麼認知上不會是片面呢？我們每個人的觀念、信仰、利害都是片面的。只要把這份虛心放在每個人的心裡，我們跟其他人交往的時候也許能做的事情不多，卻仍能接納與幫助彼此。

主題二：同溫層問題？擁抱不同聲音！

何榮幸

社群媒體時代的另外一個危機，是社會被兩極撕裂，不管大家最用什麼社群媒體，我們幾乎都是只跟自己的同溫層對話，越來越不太能接受非同溫層人的意見，整個社會的極化跟同溫層的效益現在正在發生，假新聞充斥、真假新聞難辨，政府以及各種企業的置入性行銷，如果無法重建秩序的話只會越來越嚴重。

關於如何分辨資訊，培養媒體識讀能力，就我自己的觀察，總的來說，整體面是需要有意識地抗拒同溫層、理解對流層，這應是當前最重要的事。因為我們都不由自主地親近同溫層，也常習慣見到很多假新聞明明就假得那麼清楚為什麼還很多人相信？知道它可以發揮極大的影響力。大家都知道現在需要關心社會，課綱的改革也要加強人文素養的內容，但就算加重人文素養的內容比例，年輕世代仍不見得特別能夠多元地理解社會。因為現在資訊太爆炸、氾濫，太容易習慣親近同溫層，彼此取暖隨波逐流，不管是社群媒體的使用或是日常生活中的人際交流，如果我們不能夠有意識地去理解同溫層的極化對這個社會的撕裂，人的信任感將蕩然無存，社會的公共性也會完全流失。

倘若信任感與公共性持續流失，台灣社會的民主是絕對不可能深化，所以需清楚意識到，理解對流層的重要性，你再討厭跟你意見不一樣的人，你都需要對跟自己意見不同的人按個讚、稍微看一下，理解對流層不代表支持、贊同，但對於與你意見不同的人、不同的族群之間，彼此了解互相的處境，這是台灣社會當前最重要的學習事項。

媒體跟社會大眾的關係，走到現今皆需要從每個人個別出發，我認為不論是社會主流媒體機構或是個人，就我的經驗與體會而言，需共同努力抗拒同溫層的誘惑，擁抱或許困難，至少必須理解對流層的不同意見，這是在網路時代中，整個社會面臨到被持續撕裂、對立嚴重的情況下，得持續不懈改變，踏出腳步做中流砥柱。媒體的公信力失去不是一天的事，重建當然也不會是一蹴可幾的事，需要去重塑具有公共性的調查報導，以真摯、熱情的心去深入追蹤新聞，花時間、人力、資源，才能夠重新建立媒體的公信力。這沒有捷徑，不會有其他方式

能夠達成。假新聞不會消失，但我們可以期待讓它失去影響力、不被相信，因此我提倡開放跟分享，並促進社會不同聲音的對話，要讓媒體與所有的人完全接軌，才能夠接合已經被嚴重撕裂的社會。

呂學錦

對於網路對人類的影響，我最近看到一篇報導描述研究結果跟大家分享；我本來以為一個人可以同時看幾個畫面、做幾件不同的事情，是一種很棒的能力，但我看到人家實質研究的發現，這樣的過程中其實是減少你的專注力，而且影響比想像中大。這個研究做了幾個不同層次的試驗，當你在做一件事情的時候，你旁邊就是一個手機，或這個手機擺的遠遠的但你還是可以接觸的到，或根本在你的視線之外，這三種不同的情境，對於一個人的專注力，有不同影響的程度。

經過這樣的實證研究，尤其對現下年輕人特別是網路原生族，網路上的資訊偏碎片化，他們已經習慣影片、懶人包都是三分鐘、一分鐘這樣的內容所描述，對於比較有深度的、影響比較長遠的文章接受度就降低，我覺得是影響很大的。包括談到假消息，我本來認為假消息可以從純粹理論的角度來探討，任何東西的出現都是資訊，假的東西出現也是資訊，我認知上這種分辨消息真假，應是基於每個人自己的判斷能力，但近來發現，許多國家的最高領導人都在散佈不實的訊息，那這件事就絕不再那麼單純化，後面的語意、整個行為表現，所牽涉到的層面範圍之廣，不是用理論就可以去理解，那個影響層面更深遠。

詹正德

抗拒假新聞，你首先要判讀真假，那你自己要有一定的知識基礎，知識累積當然也能從網路獲取，但是紙本書有時候能提供你更不同的東西。越扎實、基礎的知識，有時更需要的是紙本書的閱讀。我認為網路跟紙本書之間，未必是競爭關係，現在感覺上有一點是眼球上的時間競爭，其實可以不用以競爭關係看待，他們兩者是並存的；單看你有什麼樣的需求，需要親近這些不同的媒介，書也是一種媒介。最後我要再強調，閱讀是一種抵抗，也是當你想要拒絕同溫層的時候的好方法，看書的這項行為就已是一種拒絕、抵抗，當你沉浸書本中，閱讀會改變你整個人，接受不一樣可能是很微小薰陶修練，但一點一滴累積，會成為一個全新的自己。

主題三：如何溯古鑑今，培養人文底蘊？

施振榮

培養人文素養很重要，且永遠不嫌晚。我以自己為例，是我學生時代完全沒有文學素養也不太看書，但是現在讀的書比學生時代多很多，有疑問就找Google問，因為你有需求，就有求知的慾望；科技是工具，我們應該以人為本，以生活與需求的角度出發去培養能力。我認為若要做個有用的人，就必須了解人文，慢慢驅動自己體會並深入，我常常講說自己的左腦應該是研究所以上，而關於藝文的右腦，從二〇〇四年退休後到現在，經過十六年的學習，已經從幼稚園升級到國中，相信還有再更上一層的機會。我給下一代的建議，培養人文素養與能力的關鍵，還是要靠自己從興趣、需求的角度，來思考讓自己接觸，多接觸以後就發現沒有想像那麼枯燥、難，這是我自己的親身體驗。

呂學錦

人文素養我認為是需要培養的，這個部分建議應在高中、大學階段，利用通識教育去培養；人文代表意涵是每個人都有其本質，身心靈的修煉也是非常重要，我提到賈伯斯，就是因為他跟一般的創業家不同，他進行禪修來內化自我內心，禪修成為區分他與平常人不一樣很重要的元素。

我也非常強調多閱讀世界名著的重要性，不論中華文化還是西方文化都應該大量接觸，對於陶冶性情，對發展一個人的獨立思考能力很有幫助。有一個小故事我非常喜歡，「處在新世代的孫兒問祖父說為什麼一直還在學習，祖父拿出裝煤炭的畚箕叫小朋友河邊打水，竹子畚箕提不上水，祖父叫他再打再提，幾次之後，祖父跟孫子說；現在你的畚箕跟第一次你拿到畚箕一樣不一樣？」閱讀的作用就如同拿畚箕打水，越打水心裡越沈靜，把心的雜念都洗掉了。「書讀多遍其義自現」，我現在念一本書至少念七遍，多讀、多想、多學習。

5G時代來臨，網路速度提供的越快，大家玩電動越來越沈迷，現在已經是變成是一個病，類似毒癮一樣，整個世代已經上癮，這對年輕人影響真是很大。我們得整個回到教育的視角看大環境，這個問題既大又廣，現在的教育體系是工業革命以來，形成分科分類的教育模式，已經過兩百年，走到知識智能化時代的今天，我們的教育體系是不是要做轉型升級，值得探討。尤其是在人工智能、大數據分析的出現，對於將來的就業機會該如何掌握，可能需要什麼樣的方針與環境來培養年輕人，讓他們在AI會取代一部分工作的未來中，保有創造力，能突破並共創價值。

詹正德

現下處於網路時代，但虛擬世界不可能把實體空間都消滅掉，所以我選擇在實體空間奮鬥。開書店是種突發奇想，當我一有這個想法時，實踐的第一步就是到香港，想為台灣開一間當時沒有，具備人文素養的書店。壹角度書店，是一間在我開書店前就結束的店，影響我很大，它的標語很打動人，當我要開書店的時候，一直忘不掉店內寫著「我有我角度」這五個字。另外影響我的是香港的阿麥書房，一進店內看到「還記得書本的氣味嗎？」，某種程度喚起大家對紙本書鄉愁式的回憶，提醒大家：你多久沒有看過紙本書了？逛了港澳許多書店回來有了藍圖，我當時住在八里，想書店若開在都市裡容易覺得尋常，必要選個特別的地方。找到的店面就在淡水河邊，觀音山景有淡水河雲影，畫面非常美，台灣當時沒有書店有這樣的風景。十一年來在書店外來去的一百多隻河貓，每一隻貓出現我與詩人太太隱匿都拍照、命名、寫紀錄，夕陽晚霞加上河貓畫面都讓人難忘，當沒有人的時候，有貓在也是不錯。書店特色在外面景色，內部空間很小，我們在一片一片窗上寫玻璃詩，提醒來的顧客也留下詩篇，這裡不只是有自然美麗的淡水風景，也有足夠媲美的人文思潮。

開店時我訂下四種書是店裡一定要有的，分別是：香港書、簡體書、政府出版品、獨立出版品。當時很多香港書台灣買不到，我就想盡辦法跟香港的出版社、作者直接聯繫，即使到現在香港書已經很容易取得，還是有老顧客持續上門，變成經營上特有的模式。簡體書也一樣，淡水當時是沒有簡體書店的，我就想一定要進簡體書；簡體書數量龐雜，進完一批後下批很難再進，常跟客人說簡體書沒法提供預定，有些書甚至是此生在書架上僅見一次，選擇不買就一輩子可能再也見不到了。至於政府出版品，進書的成本比一般書還要高，一般小書店不會進。政府出版品裡面有很多非常優秀的出版，所以就算成本再貴我還是要進政府出版品，堅持我書店的讀者能夠看到好東西。最後是珍惜少有的獨立出版品，那就更難找到，很多詩集詩人自己印個兩百本、五百本甚至有的只印十本，所以我一定會幫忙寄賣，客人就會看到怎麼有這麼奇怪的東西？他不一定喜歡也不一定買，可是能讓人熟習台灣其實有非常多小眾的、個人的獨立出版，是台灣創作的生命力最草根的東西。

除了上面這四種以外，還有一種是別的書店更難有的，是有河獨立出版的，我們自己寫的影評集跟詩集，我們自己寫、編輯、設計、送印、出版、發行，十一年下來出了九本書，每一本印量至少一千本以上，對養活一個書店算是不錯的銷售量。書店撐了十一年，開始的時候只是一個模模糊糊的想法，而後這些想法慢慢實踐出來，包括讓店裡選書有特色，讓大家覺得你這個書店裡的書別的書店買不到，這就是我所想表達的文化與個性。

主題四：未來舞台，多元價值展現

施振榮

我想台灣不缺人才只缺舞台，只要提供舞台，有歷練的機會，一定會非常有表現；所以掌握資源、有影響力的人，肩負責任，要對台灣未來的發展提供新的舞台。比如說童子賢，近年來他不斷捐款並參與許多藝文製作，這就是一個舞台，有能力的年輕人就能做一些有意義的嘗試；實質上科技也是一個舞台，做新的東西最重要的是時機，現在最有價值的是體驗經濟，比如我現在做101的場域，就是希望提供給藝文與表演一個機會，不管是對視覺藝術或表演藝術有興趣的人，都能夠在新的舞台上激發創意，結合新科技體現沈浸式的藝術價值。

過去六、七年在國藝會當董事長，是考慮兩個月才接受的決定，當時第二天報紙刊出，藝文界大老紛紛表示不歡迎商業界董事長參與文化；時間能解釋一切，現在大家都非常歡迎我，一方面是我帶著資源進入藝文界，為大家弄出一個能獲利的模式，另一方面是努力達成「科文雙融文化」。今年在 101 裡面有個 5G、8K 沈浸式的場域，標語就是科文雙融 CTAmbi。從人文科技島開始，我持續實踐概念，偷偷摸摸、一步一步地做，才能超前部署。

現在，我投入元旦新年音樂會到今年已是第三年，還沒有籌劃的時候我就訂下一個願景，二十年後要跟維也納音樂會齊名，就因為東西方文化不同，所以才有齊名的可能與壯志。我認為將 classical music 翻成古典是錯的，classical 應該是經典，所以我目前在推動台灣經典音樂，努力將台灣的元素，也就是多元文化的從原住民、京戲、歌仔戲到流行歌曲，透過音樂、創作、演繹，讓台灣音樂文化被全球世界的公民看見，認知到東方的文明就是不一樣；成功的方法絕對不是學西方，而是吸收西方，我們要找出自己獨特的一條路來走，台灣才能夠展現自身對國際社會真正的價值。

呂學錦

雖是學理工背景出生，心懷不只科技尚知道文化，我的願景是將 5G XR 融合中華文化的豐富底蘊，迎向世界。二十一世紀人類文明的困頓，我以為要從儒家思想及大勝佛法中尋求解答，仁義、忠恕、真誠、慈悲，這些價值是上位原則，為何要忽略自身文化內涵？為什麼不選擇站在巨人的肩膀上發展？中華文化是一坐大山，我們要站在這山頂上去發揮，不需要南向去另找文化的根源，更千萬不要把自己侷限在一個小島。

現今社會應把東方文化思想，在科技文化發展中可扮演的角色定位，清楚地推動東方文化思想與社會公義、經濟發展交互融和，透過具有高度、寬度、深度、速度的全球化數位平台，贊同施振榮先生，成就科技島與世界公民。網路虛擬世界是給我們全球化最沒有阻力的契機，需要好好把握住時代給予的機會；電裡乾坤無止盡，信心堅固皆可成。

主題五：政治、社會問題 合作與影響

錢永祥

其實大家對台灣的狀況不要太悲觀，我們常常覺得今天的整個局面太過於撕裂，對意見不同的人沒有興趣、壁壘分明。在最近美國選舉後到新任總統就職，美國官場現形記歷歷在眼前，社會的撕裂、彼此的不信任、幾千萬人可以被假新聞帶著走，情況比台灣不知道要放大多少倍，嚴重多少倍。面對這種情況，會讓整體社會思考，該怎麼扭轉態勢。首先，很自然的我們會想到政治人物、政治力量，因為政治中產生的勢力確實讓這些人物掌握了最多的資源，包含具備洞見觀瞻、能見度最高的人，他們音量最大；雖然實際上很難寄望發生，但還是會希望我們台灣的政治人物、政治力量要帶領新的局面、新氣象。

不幸的是，我認為台灣的政治領導人們太沒有這種責任感，相信他們也知道問題所在，可是他們只想要去處理一些簡單的現實需求，忽略抽象卻重要的社會氛圍與價值。比方最近關於這疫情，台灣的疫情處理相對國外做得是輕鬆、踏實的，就算今天發生了大問題，以我們一年多的經驗，應該也有能力處理得好。但此時此刻社會上，因疫情引起的撕裂的程度、不信任感，我看了網路、電視後，實在覺得訝異又奇怪，因為共同面對疫情應該讓社會更整合、更合作的，卻反而看不到合作的動力與契機。又比如楊志良的「開除說」，或許發言不太符合社會期待，他的要求與提醒有些直接、嚴厲，卻沒有實質造成什麼影響，不應該把它放大，針對此議題，為什麼要說這個社會有少數不理性的聲音？我認為總統或是領導者，不能在社會上分多數、少數，永遠都是面所有人的總統，在這種小地方我會覺得須課以政治人物們責任，卻也不能太寄予希望。

常常有外面的朋友特別是中國大陸的朋友問我，你覺得台灣的民主化歷程有什麼好處與壞處，我說民主化本身建立的制度當然很重要，但是我更喜歡把這三十年的歷程看成是台灣社會集體學習的歷程。這三十年在台灣的社會裡引起的衝突、爭執非常多，內部不同意見彼此撕裂與衝突沒有停過，大部分的人因此產生比較悲觀的看法，認為這個民主化的歷程是負面的經驗，但我個人是強調進步史觀的過程，我覺得我們把這個過程看成是集體學習的過程，就是台灣這座島中的人民大量被捲入這個過程，學習你至少有一半的人，在不論政治信念、國家認同、文化背景、身分認定都與你截然不同，這個經驗其實是台灣的社會過去，長期且獨特的學習過程。可惜的是，我們沒有把這個經驗好好傳承出來、好好地變成台灣社會共同資產，過去集體學習的過程沒有被記錄與整理，導致的結果是今天我們的政治，變成我所謂的敵我政治，相互對立、失去包容。

政治都是敵我的嗎？我認為不是，政治不是戰爭，政治除敵我關係外，也是合作的關係。雖然我們都在環境中，不知不覺成為集體學習的受益者，但是學到的東西沒有變成我們的公共文化，這些累積三、四十年的經驗沒有受到重視，使得政治人物用這種敵我的政治角力影響社會。我想提出，修補敵我政治，網路會發生很重大的作用，重建網路上集體學習的場域，相信隨著網路越來越普及，社會將對網路倫理有更多的思考跟反省，把這個集體學習的動力能擴展到網路上，這是網路對我們這個社會要彌補過去所遺留下來的惡果，很有可能視時機做出修復的貢獻。

施振榮

民主政治裡面的盲點就是重有形輕無形，因為選票是要看有形的產出，對隱性價值嚴重忽略，但王道就是要共創價值，從每一個視角去理解，去創造一個共創價值的機制、利益相對平衡的機制，都是當領導人基本的要素與條件，要把無形、未來的隱性價值彰顯。

我在公視做了六年兩任的董事，現在要下台下不了台，因為選不出新的董事，但是我可以說這六年，在新聞媒體方面學習很多，也盡量站在董事會講一些公道話，因為公視有公視的使命，很明顯的台灣公視在全世界所有的公共媒體裡面算是資源最少的，實際上這七年來做的也不錯。

以滾雪球的模式慢慢推動，是我過去一直抱持的基本想法，對於比較前瞻性嘗試，策略定奪都是需要做得早、做得小，不能像政治人物一般，都希望做大或來不及才做；小規模做萬一失敗把它當學費，否則一旦規模大後若不成功，信心便會全數喪失，信心比錢財重要，這也是無形的重於有形的概念。對台灣未來產業轉型，包括學術界轉型，比如陽明交通大學合併的例子，我是站在校友的立場關心這議題，關心台灣有沒有機會為這合校案，在世界上做出新的典範、機會，我現在就是後援會會長，替各方尋找資源。

對台灣的未來產業發展，我的感覺政府是靠不住的，要完全靠自己，我成功是因為不靠政府，現在尤其在民主政治之後，是官不聊生，做什麼事情大家都有意見，所以我們現在在做的事情都是先做，以後政府再來跟上；其實政府也很困難，不做感覺好像對不起老百姓，但要率先在前面做很多人會有意見，那我用自己的資源、時間做出有成績，大家一起來共襄盛舉，這是我的基本態度。面對未來既有心投入時間、精力，就不要浪費時間做虛工。

何榮幸

我覺得自己所洋溢出來的那種打死不退的樂觀主義的性格，可能會讓大家覺得好像我們的媒體環境也沒有那麼糟，但事實並非如此。報導者五年前成立的時候，我們的媒體改革只看到一點點亮光，我們現在這個亮光還是一點點，完全沒有擴大，我們一點都不覺得當前媒體環境崩壞的程度，能夠因為報導者的努力做多大的改變，我們完全沒有這種自我膨脹，完全沒有覺得這種結構性的改革有那麼容易。但或許跟人格特質有關，我是比較是理想主義者、打死不退。

但我們牢記作為網路新媒體，在說故事上面需要與時俱進，所以除了傳統的深度報導，我們跟上潮流做 Podcast 節目，並很受年輕世代歡迎，還一度打敗了很多節目，成為台灣六千個 Podcast 節目排行榜中的第一名，過去很多人不知道報導者，但他去健身、開車時藉由收聽 Podcast，才知道有我們這樣的存在；我們也不忘自身責任，需開啟社會對話，所以報導者年年舉辦攝影、調查報導工作訪，希望培育更多年輕人才參與媒體相關工作，且在去年底開始出版影響力報導，希望讓各界開放資源持續對話窗口，這就是我們希望走出同溫層、促進社會對話的努力、與時俱進的方式之一。

報導者現在有七千位捐款者，但成立之初，定期定額的捐款者只有四位，心臟真的要夠強才能堅持，這七千人也要持續捐款，才有辦法再走向下一個五年。總結這場走了五年的媒體小革命，影響力、所能做的事情雖然還是有限，但在商業媒體生存困難的情況下，報導者跳脫傳統邏輯，走出自己的道理，創造非營利網路調查媒體這個模式。我們是台灣民間社會自己長出來的公共媒體，這條路非常難走，也不知道能不能走下去，但我認知自己不是因為現在環境很好才進行改革、努力，而是因為透過這些努力，去相信以後有環境變好的可能。

（本篇由二〇二一年一月二十一號「網路世代中的文化衝擊與蛻變」研討會集結而成。）

策畫、整理：黃鈺安

第二章　數位經濟與資本市場監控

前言

未來人工智慧（Artificial Intelligence, AI）領域新知，將涉及人類周圍不斷加速增長的智力和創造力互相融合，加快人類的認知判讀。當AI為人類做更多決策時，其機器設備與演算法驅動，要確保能本於人類精神的合乎道德，而減少誤判受騙的可能性，避免使人們對思想的局限。谷歌首席執行官皮查伊曾表示對AI進行監管很重要，確保以一種對每個人都有利的方式負責任地開發AI，相信科技的力量以人性化發展。政府監管也要發揮重要作用，可以從歐洲的《通用數據保護條例》（GDPR），提供了堅實的基礎。

來自時報出版公司趙董事長推薦的《監控資本主義時代》上下冊，資本主義作為全球化多年推手，哈佛社會學者祖博夫（Zuboff）出書，對當今資本主義提出挑戰，面對未公開揭露數位操控造成的不安與威脅，深刻且清楚的描繪發展趨勢，發出警訊。透過歷史追述和文化衝擊的解析，提醒大家思考未來。關鍵時機問世的新書，在新冠疫情加速「數位時代」來臨之際，展開剖析與交鋒，也為數位工具化運行的現實環境，揭示數位化造成的生活衝擊和文化變遷。

本場會議，三位基金會董事，陳添枝教授、史欽泰院長、葉俊榮教授，無論就學術、從政經驗，擔負國事重任有年，皆允諾為此課題貢獻專研；年輕世代學者劉育成與曹家榮教授，以及資深媒體人趙政岷董事長，則從變遷現象中提出觀點討論，跨世代對話，跨領域交流，投入與承擔。為了解影響全民切身生活之境況，與政府、民眾，加強認知、共研與準備。

數位經濟挑戰下 政府、企業、產業的影響

陳添枝
（臺灣大學經濟系教授、前國發會主委）

”企業競爭力來自知識創新與應用，國家競爭力來自知識累積與應用知識能力，不只是數據累積。國家如果沒有好的企業，知識人才將不需跨境移動就可為外國企業工作。“

即時數據驅動的經濟

數位經濟核心，不是數位技術而是數據，以即時數據提供生產和服務，才稱數位經濟，以歷史數據規劃或指引生產已是舊經濟。整個經濟活動，最大變化其實是「數據」，過去數據在生產與交易中並不重要，現在變得非常重要。過去整個生產或是交易提及土地、資本、勞動力等生產要素。數據在過去就經常被使用，如農業時代的二十四節氣、春耕秋收都是長年生活經驗累積的數據。隨著數位時代社會經濟發展，生產與交易都是使用即時數據且範圍更龐大；舊數據價值有限，除非它是商業機密，或經過處理變成知識。如旅客通關時，即時知道新冠病毒帶原者有高價值，通關後才知道價值就遞減，過某時點後價值更為零。未來即時數據，時機點變得非常重要。

數據沒有排他性 跨域使用 價值不減

就生產活動而言，過去經濟學生產要素都有排他性，但數據沒有排他性，異於資本、土地、勞力等投入。數據也會有折舊但讓數據變成知識，就可免於折舊，甚至歷久彌新。數據可跨域、跨業、跨公司使用價值不減，讓生產活動本質產生變化。數位時代企業跨業經營、跨域經營將是常態，傳統產業領域概念將被打破。如 Uber APP，包含駕駛、店家、消費者三種人使用同一套系統，要定義 Uber 為交通業？餐飲業？新型態產業分不清公司屬於誰、屬於那個國家，數據跨境串流到哪，都無法以舊概念明確區別。

數據轉譯成知識 才能創造價值

數位時代廣泛搜集數據，但只搜集數據並沒價值，要將數據整理分析，產生為有效知識；所謂「生」數據必須透過搜集、整理與處理，變成有用的「熟」數據。經處理的「熟」資料，結合專門領域的 know-how，轉成為有用的知識，用於生產和服務，創造廠商競爭優勢。其優勢因廠商而異，不易模仿複製，且強者應用數據進行解析創造可持久的優勢。數位時代沒數據優勢難以競爭。數據驅動的經濟，基本是知識經濟。

資本主義其實就是機器主義

資本主義出現就是因為機器，機器的誕生產生資本主義。以數據驅動的經濟，即是數位資本主義，經濟型態也將完全改觀。機器出現產生資本，資本可以不斷被累積，累積越多，生產能量越大，財富越多。資本主義也帶來資本與勞動對抗，產生所得分配問題。現在數據變成重要生產元素，可無限累積，甚至跨公司、行業、領域使用，勞工價值就更低。以世界幾個市值超過兩兆公司的員工數比較，如 Microsoft、Apple、Google 都只雇用十幾萬人，Amazon 為八十四萬人與 AT&T 為二十四萬七千八百人，數位時代的大企業與舊經濟時代相比，僱用人數與薪資給付相對稀少，幾個數位系統公司，如 Uber，Uber Eats 所提供的工作，也都是低薪工作。

新型商業模式 重塑僱傭關係

數據流通、數位平台串流，即時生產與即時消費是數位時代最佳商業模式，僱傭關係隨之轉變。未來僱傭關係可能呈現沒有雇主或沒有固定雇主的常態。勞動市場也將調整，對家庭、社會關係影響重大。農業時代僱傭關係，基本上是終身制；工業時代僱傭關係雖非終身但也穩定；數位時代僱傭關係是不穩定且多元化。勞工工作樣態選擇機會增加，保障減少。工作型態也可能使工作與家庭不必絕對分離。

過去農工時代，講求專業分工；數位時代下，都必須處理即時的跨領域問題，未來企業部門裡，相同知識背景人才組合將不再有價值，不同知識領域員工組合才有價值，整合多元知識人才為必然趨勢。未來擁有專門知識的人，也可以不再受雇於任何企業，在市場上獨立提供服務。沒有固定雇主的自由業者亦將增多，僱傭關係將改變。如 Foodpanda 與 Uber Eats 是創造外送服務媒合平台，製造工作機會，提供消費者與外送人員間供需選擇，消費者透過平台系統委託外送員送餐，外送員接受消費者委任，外送員不屬於外送平台公司的正式員工，形成新型態僱傭關係。

企業競爭力來自知識創新與應用，國家競爭力來自知識累積與應用知識能力，不只是數據累積。國家如果沒有好的企業，知識人才將不需跨境移動就可為外國企業工作。數位經濟時代大國具有先天優勢將是錯誤的假說，就好像石油儲藏量大的國家，也不一定有品質好的石油公司。政府沒有適當手段，防止人才外流，將影響國家競爭力。

政府角色 應做好數據治理

數位經濟時代，政府最重要的工作就是數據治理，數據的搜集、管理、利用，包括公務數據與私人數據，政府搜集越多數據越好，無須反對政府，數據管理和利用才是政府重點。政府用數據造福人民，也可用資料監控人民，是「監控資本主義」的政治問題。若無法確保政府不會濫用資料，只好禁止政府搜集資料。研究經濟學的人，非常擔心自由經濟市場基本假設遭到顛覆，自由市場經濟是假設人民比政府知道的多，如果假設不成立，市場經濟優於計畫經濟的假說就不成立。

政府與人民應建立信賴關係，人民和政府信賴關係為之重要，否則國家無法運作，人民信任政府會善用數據，就會提供正確數據，人民不相信任政府，就會掩藏或扭曲數據，屆時數據雖多但品質不良，誤導政策發展。信賴關係也必須建立於制度法規之上，政府數位治理相關制度法規必須要謹慎規劃。政府擁有完整數據後，人民遵法成本降低，違法動機也降低，社會整體生產力上升。如歐盟制定的個資規範 GDPR，認為所有數據屬於個人不是政府，政府只能保管、借用數據，政府永遠不會擁有數據所有權。

政府數據統籌 應設立專屬機構與數據長

依數據特性分成環境數據、個人數據、物品（商品）數據。目前迫切需要處理個人數據，政府需要設立專責機構，統籌管理所有數據資。台灣現行體制下，由各部會自行管理數據，衛福部有健保相關數據，交通部有交通數據，內政部有犯罪數據等。部會間數據資料因使用目的受限於法規，原則上無法相互流通。

政府需要一個專責機構統籌所有資料管理，除因特定政策目的依法授權搜集，數據若不做水平整合，無法有效被利用，政府首先應處理數據整合問題，也應加速設置數位部整合所有個人數據，在法律授權範圍進行跨領域使用。並設數據長制定推動跨部門、企業的數據使用政策，如果政府合法搜集的數據無法統籌運用，將無法提高服務人民的效能。

科技加速器驅動未來

史欽泰

（前工研院院長、余紀忠文教基金會董事）

”危機是數位轉型關鍵，人最基本的需求就是安全健康，當人類行為改變，產業也會跟著轉變。“

前端科技的研發，一是方便人類解決問題，二是用於高科技戰爭、擊敗對手。雖然戰爭也是驅動科技非常前端的誘因，但大部分是與影響人類生活較有關係。如核子武器發明，對人類毀滅性極大，會危害人類和平的生活，因此規範限制使用。而今日數位發展的影響（如 AI 人工智慧），還沒到毀滅性的疑慮產生，如果沒有毀滅性問題，將不斷發展被利用。

數位行動 改變生活模式

藉由全球化發展，科技與文明連結人類、區域關係頻繁密切，原本已加速發展的數位科技，在中美兩強關係惡化、疫情加劇時，數位應用發展更跳躍式成長。兩強為贏得科技戰領先，各自發展出一套數位系統相競合，更在疫情封鎖無法正常接觸下，透過數位行動方式產生新型態的工作、聯繫與購物商機。

然通訊科技發生於數位網路之前，從原本的定點通訊到手機行動，通訊不再受時間與地點影響，人與人距離經由手機通訊連結一起。現今的物聯網發展，更將人與物全部串連，真正的改變正在加速。當提到科技研究發展時，沒想過科技會用在那裡，都是依照人類生活基本需求及市場導向前進。數位行動發展也不斷演進，從 2G 到 5G，再到雲端科技，這些科技發展都是物聯網開發很重要的進程。

科技驅動的野心與力量

一九六〇年代美國學校就開始研究自駕車，利用大型電腦運算讓無人驅動車運行，當時的研究還很陽春，在車子後方接上大管子再接到大電腦房，傳輸距離限制車子不能走太遠，透過電腦運算讓車子起動，但走得很慢，每一步要算非常多次，並來回傳送運算資料，經由判讀下指令，光來回傳送資料就要兩分鐘，當年機器人走路都像老頭子跺步。時過境遷，今日自駕車到處在路上跑，可人類仍對自駕技術不放心，有太多因素還需計算，如背景、光線等，都需再加強。

另外，醫療科技進步也非常快，這時代對身體結構了解絕對比上一代多，尤其上年紀都會感受醫療科技進步對人類的重要性。如看骨科時，利用核磁共振成像（MRI）幾乎把每一寸神經是否受擠壓都看很清楚，如果將來人類大腦思考也都可看得很清楚時，到底會被拿來做什麼用？不只是人腦結構，連存在大腦裡的記憶，都能透過科技得知，會是什麼心情？科技進展不斷往前發生，無論是科學家的好奇、好勝，或工程師想要實際解決問題，又或者是野心家想要去統治別人，都是科技驅動的力量。

產業解構 商業模式須要改變

二〇一九年至今，發生很多巨大變化，先是中美關係改變，資本主義與社會主義競合，過去經濟發展仰賴全球化所賜，原本相信經濟學家提倡的全球化與自由經濟最好，把資源有效利用、提升競爭力，但中美競爭開始後，又新冠疫情爆發封城、斷鏈等，全球化浪潮明顯改變。大部分產品組合製造物料還是需要靠外國輸入，當供應鏈斷鏈，人流、物流皆受到影響，也無法得知供應鏈順序如何重整。其次為科技主導權競爭，原先科技發展，因人工智慧演進，數據被充份利用，社會與經濟結構跟著改變，數位數據變成新的能源、物資。

原本工業革命的社會衝突就已存在，至今產業開始解構，如 Uber 新興產業打亂市場管理次序，Amazon 線上商店發展，讓傳統書店、唱片行面臨倒閉，數位時代新興產業正在解構市場原有商業模式，才短短二十年間，產業就已差不多變調，與過去經驗完全不同，如一台電動車把汽車之都─底特律徹底摧毀，底特律幾乎變成廢墟。所以產業完全改變，商業模式當然要變，就像現在如果不會上網可能就會餓死。

數位化 讓工作與生活分不開

危機是數位轉型關鍵，疫情將所有不同領域的科技加速整合。台灣 SARS 經驗，面對新冠肺炎（COVID-19）疫情，加強境管防疫、強制戴口罩並保持社交距離，得以有效控制。人最基本的需求就是安全健康，當人類行為改變，產業也會跟著轉變。同樣疫情影響，過去認知工作是要到工廠或公司，疫情後已然不同，打卡在數位時代意義已經不大。網路技術發展至今日，生活跟工作已慢慢分不開，員工在工作時會順便訂午餐，也可以利用視訊在家工作，原本家庭必須提供的功能，如生活、工作、學習、休閒，通通在家裡面發生，但網路變成基礎建設後，家庭人員生活也隨之變調。

再者，製造方式自動化、數位化，無論開發新產品或是原產品生產，因供應鏈裂解，令整個市場需求也快速因應改變。服務業也一樣，因顧客不上門，無論什麼生意都要上網行銷，顧客不上門後，甚至要有到家服務的概念，新模式、新產品的開發是數位時代所必須。然過去科技早已存在，全球數位化生活已是無可避免，數位行動與人工智慧時代，因疫情而提早來到。

民主治理還須量能建構

葉俊榮（臺灣大學法律系教授、前內政部部長）

”數位時代下，政府不會失去角色，反而角色越來越重，更須同時扮演推動與監管。高普及的網路資源，無法完全依靠政府公權力管制；人民的量能建構（capacity-building）、民主素養、媒體識讀都很重要。“

數位雙峰 等量齊觀

以往資訊監控老大哥直指政府，數位時代來臨，民間網路服務業者論實力，與政府也等量齊觀，形成「數位雙峰」大數據。資訊搜集分為政府與網路服務業者兩個龐大主體，過去數位發展過程以政府為主，許多資訊、資料、數據，都會參照政府動態而作為。但如果有機會任職於政府機關，就會感到害怕，政府機關真的掌握很多人民的數據、個資，但資料從何而來？是否合法有待討論。政府有非常複雜的文官系統，不同專業因應不同需求，有些基於法律授權，有些基於不做不行，取得人民資料數據。

經濟發展最基本的金融交易秩序，也都需要信用數據，資料搜集程序在社會上形成社會公信，政府機關角色，無論於戶政、民政、地政、人民、土地、主權，牽涉到很多細節內容，若無完整掌握，無法成為共同體，連結基本經濟活動、社會互動，更無法確定資料的公信力。其他像治安、交通、環境、天氣、污染、水利、水文化等相關資料搜集也都要隨數位發展演進。

民主治理下 數位雙峰之差異化監督

網路服務業者呈現四個型態：網路接觸服務業者（IAP）、網路內容服務業者（ICP）、網路平台服務業者（IPP）、網路應用服務業者（ASP）。網路服務業者彼此間具有關聯，相較於政府機關資訊搜集更為複雜。政府機關以業管單位歸類，相互之間就有行政一體概念，政府要對資料搜集、處理、利用，須依個資法相關規定，資料搜集目的與使用目的之間須有相當合理關聯性，政府依法行政容易掌握動態。民間網路服務業者散佈甚廣，能否協調，相互之間有什麼樣關聯較為複雜。

政府是以高管制方式、運用公權力實施，需要時可以整合，雖受限於法規限制，政府在搜集資料以公權力得行使範圍為界，並經由法律授權執行，因此速度與數量皆較確定。民間網路服務業者範圍則遍佈全球，使用者自願提供資料，取得更容易串連個人意象的日常行為，構築使用者習性與足跡的資料庫，業者彼此間資訊串流，更能輕鬆跨境快速搜集個人資料。人民要求政府公開政府資訊，使人民便於取得。但如有涉及個人隱私應不予公開。人民也希望網路服務業者能公開數據，但必須對於個別使用者的網路足跡保密，並要求網路服務業者提出具體隱私權政策。實際上兩者受到的監督密度卻十分懸殊，網路服務業者受到監督穿透力過低，無法滲入繁複而龐大的資料搜集機器中。故兩者間資訊搜集方式、屬性、整合、速度與數量皆不盡相同，受到監督密度應有所差別。

基本上公民社會合法監督政府，對於監督網路服務業者可要求政府監督或是人民自己監督。一方面人民要監督政府也要求政府監督另外一個峰（網路服務業者），所以政府同時有兩個角色。若人民自己監督，與網路服務業者間存在不對等條件，永遠沒辦法保障使用者權益。

監督政府 落實管制網路服務業者

未來管制網路服務業者有兩個面向，一為人民要求並監督政府，強化對網路服務業者監督。政府搜集大量人民資料，人民要求政府不得過度搜集人民資料，也不得任意將資料傳輸給網路服務業者，現行是以「個人資料保護法」規範行政對業者蒐集、處理及利用個人資料監督之權責。訂有服務使用者向業者侵權請求損賠之規定，亦有損害賠償團體訴訟規定。未來須強化立法，授權主管機關對業者制定相關規範標準，讓行政機關與網路服務業者合乎標準作業程序，並降低人民透過法院尋求司法或行政救濟門檻。

二為人民主動集結監督業者。管制業者資料搜集、處理、利用與保存，過去著重於重搜集方式與數量，數位時代下，人民高度使用並依賴網路服務，自主透過網路服務業者向其他服務使用者揭露私人生活及個資，業者更輕易搜集大量個資，在資料和技術不對等情況下，人民難以知道資料如何被處理使用。網際網路服務縱使極具公共性，業者與服務使用者仍被定位為「私人法律關係」。因此，在網路上經常心虛且快速按下「同意」鍵，對於同意的內容也不要太相信。人民可自主組織團體，監督業者，減緩不對等情況，面臨大型、跨國網路服務業者可能無意願與人民團體協商，人民藉由透過代議機制，亦即「國會」代表人民監督業者。

數位時代 量能建構刻不容緩

數位時代下，政府不會失去角色，反而角色越來越重，更須同時扮演推動與監管。高普及的網路資源，無法完全依靠政府公權力管制。人民的量能建構（capacity-building）、民主素養、媒體識讀都很重要，千萬不要認為只要監督出偉大政府就能安心無虞，政府政策與行政推動也必須積極有力。唯有不斷提升人民的量能建構，政府也有責任協助人民建立量能建構。人民更不能僅仰賴政府，民間社會活躍也非常重要，如民間基金會集結問題進行研討，台灣安全也是因為有活躍的台灣團體努力而來。

政府可藉由命令控制模式或協商模式管制網路業者。透過立法或行政權，要求業者配合管制措施，包括提供資訊、行為許可須符合標準配合監控等；但命令控制也有難處，政府對商業活動及網絡空間活動有過度介入疑慮，反而影響民眾隱私與言論自由，且許多業者是跨國企業，國家主權與法律要求也有其侷限；另外是透過協商模式與業者談條件，透過自我監管、後設管制、經濟誘因、市場管制、揭露規範等，彈性貼合市場需求管制措施，但民主社會競逐下，政府真的會為了人民最大利益進行協商模式成為難題。協商必須是「法律上授權」、「程序」、「公開透明」兼具，協商方向、主張與範圍不能違反既有法律，若僅採個別協商授權更是有疑慮。

國會角色也必須演變與翻轉，人民「直接」決定的空間擴增，傳統上政府與人民二元思考下，國會「代理」角色產生侵蝕，私部門快速崛起並成為威脅，人民自決意識高漲，影響監督與課責模式發生變化。國會既有行政權又有制衡關係，若轉由人民直接監督成本太高，何況人民連組成團體代表性都有疑慮。人民權益的守護，國會必須更關心，國會應積極透過聽證會來釐清問題，聽取業者、服務使用者（人民）與政府三方立場聲音，界定公共利益範疇，進而面對數位時代影響與因應。

數位民主 須跨平台溝通

現今很多議題走向公與私併存交雜，傳統民主正當性監督仍有必要，也必須改變。數位民主普及時，網路及資安議題，對代議制產生衝擊，國會反更可以扮演監督角色，發展國會監督可能性，國會必須擺脫傳統功能桎梏，蛻變成為監督並促進人民社會對話角色。數位雙峰掌握人民資訊，政府與民間都有相互監督的必要，除了行政機關不斷整合進步外，國會必須更努力，維持活躍的人民社會，及強化數位時代民主量能建構，更是刻不容緩。

台灣確實需要跨領域平台，集結產官學的聲音進行討論，從學術建構到政策實踐，以面對全世界變動的重要議題。任何一個討論平台都是讓大家來分享看法，進一步幫台灣發現新問題，提出方針或願景，發揮研擬作用。

社群傳播中知的選擇與限制

趙政岷
（時報文化出版企業股份有限公司董事長）

從事媒體業三十年經歷，過去媒體講求真實權、選擇權、自由權，為呈現真相的媒體報導而奪鬥、為公平正義權衡掙扎、為讀者及服務大眾。嚴謹而中立報導，認為媒體是公器。反觀現今媒體，是為讀者、媒體、資本家、又或者是主政者？

運用略奪行為價值 與再投資循環

一九九八年Google成立提供線上搜尋平台，實踐資訊解放的民主力量。對廣告排斥的Google不斷增加服務時，成為廣大新人類行為領域的中間媒介，每一筆搜尋指令都將產生大量數據，在數據不斷交換的系統裡，借助data mining搜尋辭彙數量、樣式，對使用者做行為分析，提升服務品質，經系統演算再把分析行為數據不斷循環交替、交叉分析，提升更精準服務品質。二〇〇〇年網路泡沫衝擊下，Google面臨大轉折，將過去「數據廢氣」（data exhaust），看似不必要的資料，將用戶互動數據搜集分析賣給廠商，再利用系統與用戶互動產生副產品，使其改善服務或創造消費者新體驗。之後Google開始推出關鍵字提供分眾、分類販售廣告，對廠商尋找目標客戶也發揮效用。

在資料數據轉換過程中，最大的改變是循環，祖博夫所稱之行為價值再投資循環。數據轉換行為、來回修正改善循環。在循環運作中的數據廢氣，後來發現是最有價值，透過監控收益對未來行為市場做預測，並預測產品的提供，是數位時代全新生產手段，修出另一個棧道轉換產生很大的利潤。監控資本主義不是批判科技而是資本家，資本家掌握後面一大段並不知道的數據轉換，人類行為剩餘所產生的數據廢氣變成最大財富，而財富被資本家拿走。

引導的場域 操縱的行為

監控資本主義的真實案例—寶可夢遊戲（Pokemon Go），寶可夢遊戲出版後，入侵日常生活，有民眾遭闖入按門鈴四次，都是要到後院抓寶可夢的陌生人，來人甚至說「你後院裡有一隻寶可夢，那是我們的！我們可以到後面去抓？」。新北市也曾辦過寶可夢大會，帶動觀光、旅遊，只要在燈會放幾隻稀有寶可夢，大家都會去抓；台北街頭也有突然出現一群人，不是群眾運動是抓寶可夢。寶可夢遊戲發明，原是利用科技引導小孩到戶外活動，但現在寶可夢遊戲為誰服務？因為可以聚集人潮，遊戲帶來人流，卻改變人類行為，資本家與商人可利用數據，引導人類要去的場域，而不是人類自由意志下想前往的所在地。

祖克柏二〇〇七年五月推出臉書改變很多人行為。現在抖音也是，導致美國為什麼要去管制。韓國團體防彈少年（BTS）有二千萬粉絲，發動去川普的造勢大會，登記後不要去就少很多人，抖音也有類似情況，甚至影響你人民行使投票權的選擇。如果臉書可以操縱情緒、策動投票，那還有什麼做不到？臉書全世界有二十億使用者，影響之大該如何限制資料量使用，全球目前尚沒有完善機制、管制。機器會成為天才和專家的助力嗎？還是說，會反過來被聰明的機器奴役？監控資本主義就是在談論這樣的狀況。

監控資本主義豢養的人類行為

監控資本主義與過去的資本主義不同，監控資本主義的資本者享有知識和自由度極大的特權，無視消費者和生產者長期存在的有機互惠，所以消費者不是受益者。消費者提供資料、失去自主性的按讚，就會像蜜蜂在蜂巢裡豢養被監控，有可預測的集體秩序。祖博夫更提出警訊，蜂巢是被設計好的。

數位革命至今約二十年，監控資本主義如滾雪球般，侵入網路世界搜集使用者的行為剩餘，導致實體世界、日常生活、身體與自我的侵蝕，也改變人類過去行為。監控資本主義是一種新經濟秩序、寄生式的經濟邏輯，當機器控制成為社會運動，人權會必遭受剝奪。數位使用已經離不開生活，人被機器哄騙後，就被機器控制，人類原有的經驗漸漸消失、遺忘；就像閱讀能力，現在只願意看二百字、二千字的文章內容，已沒有能力再看二百頁的書，不覺察下被榨乾、腐蝕的文明進程。現代人每天滑手機的時間比看書時間多，是身為一個出版人的感嘆！

公眾媒體到自媒體　都應客觀描述現象

從事媒體業三十年經歷，過去媒體講求真實權、選擇權、自由權，為呈現真相的媒體報導而奪鬥、為公平正義權衡掙扎、為讀者及服務大眾。嚴謹而中立報導，認為媒體是公器。反觀現今媒體，是為讀者、媒體、資本家、又或者是主政者？媒體現在可明目張膽順從老闆做新聞或為業主提供新聞。過去解讀新聞真實有三個條件：資訊有沒有障礙、時間有沒有落差、處理過程有沒有聽錯、認錯或意識型態，如今新聞真實已備受置疑，數位新聞傳播又快速即時，導致受眾誤判，如果流於意識形態就影響深遠。

更惶論的是如何從多元面看平衡報導，網路世界中網紅當道，社群媒體變成大眾媒體，大眾媒體也逐漸被社群媒體同化，受眾在接收推播，也只方便選擇愛看的網紅影片。點閱率也就等於成交率，造就現新型態的商業模式快速取得融資與獲利，但爆紅也爆落。

監控資本主義與行為未來市場

人類看到監控資本主義從矽谷成長，逐漸進入各個經濟領域。大量財富與權力都集中在讓人不安的「行為未來市場」。預測人類的行為，以數據拿來買賣，透過新的行為控制技術，生產各種商品與服務。過去人類的威脅來自於極權主義的老大哥國家，但現在轉移到無孔不入的數位設施：「大他者」操作著監控資本的龐大利益。前所未有的權力大熔爐，網路知識只集中在少數人手上，且完全避過民主監督。祖博夫稱拒絕讓機器主宰世界，首先是要改變不平等的社會學習分化，資本家同時握有知識與自由，加劇社會權力不對等；再來是互惠式經濟轉型，只求網羅更多使用者，不再為提供更好的服務；最後要求民主的法律管制。

新法規將挑戰監控資本主義合法性，二〇一八年五月，歐盟通過「通用資料保護規則」

（GDPR），企業不再能輕易取得數據，同時讓民眾拿回刪除個人數據的權利。所以科技公司在網路上蒐集人們的資料，賣給出價最高的買家時，管他是政府或零售商；利潤不僅來自預測人類的行為，更來自調整人類的行為，資本主義與數位科技結合，將如何形塑人類的新價值觀，重新定義未來是重要課題。

人工智能影響經濟發展與社會公義

劉育成
（東吳大學社會學系副教授）

”當人的腦袋可以完全被拆解時，人類的價值又會以何種形式存在？當AI可以預測人類行為時，人類所獨有的自由意志，在演算法的挑戰下具有的意義為何？綜合以上問題，人工智慧在根本上，其實就是對人類本質一大挑戰。“

人工智慧（AI）的應用領域為感知、思考與行動。AI可以進行人臉辨識、偵測聲音、情緒與行動、模擬人類思考、促使機械行動等表現。若結合心理學、社會學、政治學、經濟學等研究成果後，將面臨AI做到超越人類思考時，人類的本質與角色是否將得重新定位？當人的腦袋可以完全被拆解時，人類的價值又會以何種形式存在？當AI可以預測人類行為時，人類所獨有的自由意志，在演算法的挑戰下具有的意義為何？綜合以上問題，人工智慧在根本上，其實就是對人類本質一大挑戰。

AI 發展對經濟的衝擊

人工智慧發展中，比較狹窄的觀點，稱之為「弱人工智慧（weak AI）」，基本上目前看得到的應用，都是此類人工智慧，諸如語音辨識、資料標記與分析、自動駕駛等。比較廣義的觀點，也就是「強人工智慧（strong AI）」，就是可以像人類一樣思考，也稱之為「通用人工智慧（artificial general intelligence, AGI）」，基本上都還未能實現，尚有爭議，但所有科學家都努力朝此目標邁進。

儘管如此，AI對經濟的衝擊依舊已存在，首先是工作種類，隨著資訊自動化及演算法發展，傳統產業、服務業，金融業或專門職業等，從基層到高階工作都有可能被取代，許多新的工作型態也會不斷被發明出來；其次生產數量與品質也可能因AI可介入進行調整。再者透過AI大數據演算可提供更好的經營模型，增加產量，同時也減少資源與時間浪費；經數據搜集可能的新營運模式，給予建議或行動方案；還有是 AI 完全自動化發展，都對社會發展與經濟都有一定的衝擊。

科技介入對社會正義的影響

從產業面談社會正義，大致可有幾個面向，第一是製造本身業，第二是公司、產業和國家；第三是勞動市場；第四是重分配的效果。當把科技放進產業時，財富、經濟，甚或糧食皆可能重新分配，這都可透過科技的介入，做更好的處理與計算。然而，如何處理、處理後會產生的結果，以及對政策的影響與衝擊，都必須周全衡量。

AI 能增進或損害社會正義從三個面向思考：平等權利、平等機會、平等對待。如最近流行 AI 面試官，有人認為可以消除偏見，排除人類在面試時的偏見，因為人類面試官多半會因為其文化、社會、訓練養成背景等，而產生偏見。但也有人會認為 AI 也會增加面試偏見，因為演算法有可能加重 AI 判別偏好。這固然是一種進步象徵也涉及人權問題，仍有非常多人抱持反對立場。

數據治理必須賦權於大眾意識

二〇一九年 GISWatch 出版的報告中，提到數據的治理必須要賦權於大眾，除政府必須介入並扮演重要角色外，大眾的角色或許是更為重要的。該報告提出兩種方式，第一、資訊受託人形式，亦即以信託方式，改善線上平台或服務提供者的問責制，主要是針對平台端公司，應做好資料管理、數據保存的責任，以信託的概念進行。第二、資料信託，也就是成立一個信託單位，所有人的資料全部都交給信託單位管理，就像是現金資產交由銀行信託，信託後就會受到監督，資料信託概念也是用類似方式做所有個人資料管理。二〇一九年英國政府的《數位憲章（Digital Charter）》中便將信託概念放進來，同年 OECD 的 AI 原則也把資料信託概念導入，G20 在「以人為中心的 AI 原則」中也參考資料信託概念。

最後，大部分人使用數位資料都沒有意識與防衛，看見隱私權同意鍵就直接按下同意，很少對內容進行仔細閱讀或提出質疑。使用者看似對隱私權很在意，但行為上卻幾乎不在乎授權與使用，只會享有數位帶來的便利性。因此，提升大眾意識還是非常重要的關鍵。未來數據治理概念的成果表現、在共享權利下進行問責機制，且在發生問題後能快速彌補，這或許便能夠在經濟發展跟社會正義之間取得平衡，對其有比較規範性的處理，也就不會只是憑空討論數位時代的問題。

自由或不自由？社群媒體世代難題

曹家榮
（世新大學社發所與社心系合聘助理教授）

”即便個人有再大的影響力，在臉書這類跨國資本企業巨獸面前都是微不足道，因為它可以很簡單的透過演算法，將它不喜歡的東西調降觸及率之後，想要再去影響別人，在這機制面前是完全沒有力量。“

最近 Netflix 剛播出一部紀錄片《智能社會：進退兩難》（The Social Dilemma），這部紀錄片探討現代這些社群軟體：Google、Facebook、Twitter、Instagram 等，巨型的跨國企業、數位公司、監控資本主義企業如何影響了人類生活，引發了一連串問題可能導致民主崩塌和人民安全的崩潰。

資本企業巨獸的演算法與影響力

社群媒體世代面臨著矛盾處境，也是做網路研究、資訊社會研究經常看到的觀點。今天進入網路、資訊科技、社群媒體帶來更多自由、行動可能性、發生可能性的時代。當年輕人用手機、電腦，就可以自己的力量去面對群眾產生的影響力，這是今天社群媒體世代跟過去很不一樣的地方。然而，即便個人有再大的影響力，在臉書這類跨國資本企業巨獸面前都是微不足道，因為它可以很簡單的透過演算法，將它不喜歡的東西調降觸及率之後，想要再去影響別人，在這機制面前是完全沒有力量。

機器控制主義的新經濟模式

今年七月時報出版肖莎娜．祖博夫（Shoshana Zuboff）所著的《監控資本主義時代》主要張顯隨著整體科技與社會發展，已進入新形態資本主義體系，祖博夫稱為「監控資本主義」，其定義是透過各類資訊科技、社群媒體、普及運算、穿戴式裝置等，遍佈在日常生活周遭不斷使用的科技，搜集使用者行為與經驗數據，進行「行為剩餘」榨取，進一步實施行為預測、修正等，從中獲利的新經濟模式。除此之外，祖博夫其實不只在談新經濟模式，而是另一個新的控制、權利支配形式。

機器控制主義是監控資本主義催生的新權力支配形式，不同於傳統極權主義的權利支配跟控制，雖然目標都是全面控制生活形式，傳統極權主義使用恐怖的權力、暴力、武力進行強制統治，機器控制主義則是使用行為數據搜集、修正、導引、預測等控制，透過搜集與分析追求完全確定控制形式。社群媒體世代到底是自由或更不自由，顯然答案會是否定，在機器控制主義支配下，科技發展其實並沒有帶來更自由的生活。

誰知道？誰決定？誰決定誰來決定？

自由的喪鐘已被《監控資本主義時代》敲響，從中試圖思考出路，以三個關鍵問題：誰知道？誰決定？誰決定誰來決定？突顯監控資本主義內在邏輯，甚至用來批評史金納行為主義學說，即便接受史金納主張——人的行為總是刺激反應結果。甚至有人因此可以獲得巨大利益。

從另一個自由角度的思考，祖博夫將資料稱為文本區別；所謂第一文本就是在網路上讀的各種資料，第二文本就是只有資本主義企業能看到人類行為數據。誰決定誰能知道什麼？誰又決定誰來決定接下來怎麼透過經驗資料來影響、預測、導引我們的行動？誰來決定突顯監控資本主義問題，實際上就是有一些人佔據知道跟決定的位置。從《智能社會：進退兩難》紀錄片，能發現可怕程度超出想像。更進一步的問題是：為什麼人類甘願受到監控資本主義宰制，答案很簡單，是因演算機制太精細，連人類自己都不知道。

社群媒體時代 逃避的自由

二十世紀精神分析學家、心理學家埃里希．弗羅姆（Erich Fromm）一九四一年大著作《逃避自由》，認為現代人確實是存在於自由與承擔自由的恐慌與矛盾中，現代人變成逃避自由、放棄積極自主選擇。逃避自由機制稱為機械化順從，意指個人放棄自我，接受外在給予指令與暗示，卻仍認為是自己做決定的自由主體。也許很怪異，但弗羅姆發現好像常常如此，如權威型人格就是逃避自由的典型。權威型人格就是把自己交付給外在的他者、或權利他人。

最後，到底社群媒體世代是更自由或更不自由？藉由弗羅姆的啟發，今天可能要去思考這世代是不是在逃避自由，更重要的是為了打破監控資本主義，有沒有可能去突破網路資料跟資本主義企業的學習分化狀態，有沒有可能試著去知道更多、奪回「知道」的權利。

綜合討論

主題一：佈署經貿對策 培育科研人才

陳添枝

數據流動無遠弗屆，但知識流動範圍經常小於數據流動。故以數據流動範圍界定市場，知識流動範圍界定企業邊界。企業間知識交換的介面將影響企業之間合作關係。未來地理概念不再適用數位時代的企業，也就是以國境界定企業的時代將改變。數位時代的商業模式，所面對企業所在位置不易界定，這界定問題將影響各國課徵租稅的制度必須重新思考。以常設機構認定企業課稅的主體，或區分境內、境外銷售分別課稅，皆將發生困難。未來商業呈現不再等於商業據點的呈現。

關於稅的問題；以樂天為例，如網購公司樂天，數據從東京流到台北，看似市場連接在一起，在台灣可以上日本樂天網站看到日本產品的清單，可是實質上產品可能過不來台灣，因為有海關、租稅等實體經濟上的障礙。目前的租稅概念建立在地理位置上，台灣樂天要繳台灣營利事業所得稅、營業稅，日本樂天繳的是日本營利事業所得稅、消費稅，但事實上數位交易已經無國界。當我國財政部堅持維持地理課稅推行，就會將數位服務空間上的市場打亂，所以在台灣樂天買不到日本產品，是因為被財政部擋住，這些問題現在已經出現。

為什麼我想要買日本網站的秋天柿子卻寄不來台灣，無法成交。日本樂天表示，因為台灣財政部要求日本樂天要在台灣設實體公司，開設台灣樂天網站，才能販售，如果沒有設實體公司，繳營業稅方式很複雜，會跟財政部引起紛爭。再者，還有日本政府問題，日本樂天公司透過網站把商品直接賣到台灣來，還是要繳百分之十的日本消費稅，另外台灣也有關稅相關規定，商品進到台灣販售，基本上財政部還要課徵營業稅，所以稅制目前都建立在地理概念，就是公司設在哪裡。現在數位時代商業活動分境內或境外，就會有很多不同處理，完全與原舊經濟時代的概念不同。

新型態服務，地理概念就變成完全沒有意義，稅制將面臨很大衝擊。美國跟歐盟也正在爭論 Google 該如何課稅，台灣對臉書也有課稅問題爭議，臉書在台灣沒有公司也沒雇用任何人，卻有一千八百萬個帳號，光台灣企業在臉書投放廣告，讓臉書一年營收超過百億。諸如此類的課稅問題層出不窮，該要怎麼課稅，未來將是一大挑戰。

若要強迫日本樂天或臉書在台灣設立公司，其實創造的就業機會也很少，因為所有主要的平台運作都在日本或美國，頂多找送貨員或行政，目前日本樂天買下台灣職棒 Lamigo 桃猿隊，更名樂天桃猿隊，以職棒營運方式增加台灣市場效益，但真正數位公司收入來源跟雇員人數仍不成比例，這是未來經濟層面會碰到的不同挑戰。

財產權是資本主義的根本，把資本的財產權賦予私人，透過自由意志交易，形成市場經濟；

若把資本的財產權賦予國家（共有），將形成共產主義。在數位時代下，數據的所有權，也將決定自由經濟的型態。數據的所有權屬於私人，形成自由市場經濟，若數據的所有權屬於國家，則非自由市場經濟。資本主義和共產主義決戰七十年才分出勝負，數位時代的體制之爭現在才要開始。

史欽泰

科技在產業、製造業的挑戰，是如何快速發展，目前對生產力的提升比較明確。至於自動化是不是危害僱用員工數短少與失業問題，目前並不重要，現在產業還在面臨缺工問題，這波疫情對數位化來說是有好處，現在科技產業在供應鏈發展，還是重要的提供者，對於如何快速提升生產力還是很重要。不過假定就要馬上轉換全部數位化，對很多中小企業確實有困難。

依困難度而言，第一、要提升搜集生產鏈資料，對台灣很多傳統產業是一大問題，傳統產業本身數位化程度相對較低，生產所用的資訊，是否能被搜集而提升生產力，需要循序漸進的轉換過程，我們常聽到產業進已化到 4.0，但也有人說連 2.0 都還沒完全做到。數位化過程是一個循序漸進的方式，非一步可及。企業最重要的是投資跟生產力獲得，是否經得起數位化成本的負擔，若無法就面臨別的產業併吞。

台灣基本上有很多隱形冠軍，表示台灣產業做的產品確實不錯，在獲利條件下，慢慢進行數位化轉換，強化科技應用空間。第二、傳統產業有很多技術員是老師傅，知識與技術在個人身上，比較急的是應該將老師父的知識與技術快速擷取下來，以現代科技方式，讓技術知識可以傳承下去，而不是減少技術員。傳統產業本來就已經缺工，現在還有傳承問題。傳統產業可能是在這類問題比較難以解決。

反觀，高科技產業基本上是受益的，因為很多產業今年還是成長，數位發展像是基礎建設一樣，積極網路擴建更新，很多家裡需要增加或更新電腦、網路或個人攝影設備等，疫情產生新型態需求，現在要買還不容易買到（如 SWITCH），基本上需求是增加。企業視需要順應改變，企業作法改變，個人需也改變，轉變後的需求更為重要。另外，市場應放眼海外，如果不上網去行銷可能無法得到新的資訊因應數位衝擊。再者，電子商務興起、物聯網的便利、物流的發達，商品要運到世界各地，不再受限，這是製造業與服務業需要重視。

最後，金融業基本上是特許服務業，須受政府法規管制，建立數位貨幣或數位金融的合理法規，讓科技能夠進到金融業讓服務效能提升。但對不相信網路安全及不善使用數位支付的人來說，推廣網路金融支付教育相對重要，年輕一代可能問題不大，年紀大的會很怕以後不收現金該如何消費。

陳添枝

過去參與數位研討的結論，感覺每個產業都變成科技產業，再也沒有高科技或低科技傳統產業區別，數位化後每個產業都需要使用數位技術跨專業共治，包含金融，我有位金融界朋友表示，企業開始聘用台大資訊系學生跟教授，擔任公司技術長，但高科技人不喜歡穿西裝打領帶，向公司要求服裝自由等，金融業文化受科技浪潮也開始在改變。

史欽泰

台灣有扎實的資訊電子產業，供應鏈的管理是很好的，半導體產業也是一支獨秀。全民健保發展更是國際水準的醫療政策。在大流行疫情當前，台灣人民沒有遭受較大的生命安全威脅，防疫為數位整合的開端，未來要能繼續開發，讓科技廣泛應用到智慧製造、醫療照護等。所以台灣還是有機會創造幸福生活的典範，疫情（危機）是數位發展的加速器，是台灣千載難逢的機會，更需要政府與民間超前部署，比較弱就是科技研發人才的培育在台灣是缺乏的。

台灣迫切需要數位科技整合，研發也需要耗費的龐大能量，因為數據化需要大量的儲存，現在數位儲存的產業發展蓬勃，數據快速流通、串連、運算，演運器的發明更要精準可靠且安全，精準的量測也是現在非常重要的科技，但演算法的分析發展也是一種浩劫，增加了地球的溫度與廢棄電子耗材等。

數據對於台灣半導體科技影響最為直接。人工智慧發展也很重要，基本上未來服務性產業都會依靠人工智慧，如果沒有人工智慧快速運算很難做服務，數位發展目前不會危害人類生命，反而需要兼顧與地球環境永續發展為考量。

主題二：數位法規須合比例原則

葉俊榮

有關法令涉及個人隱私、政府治理、犯罪防治與政策等問題，是數位雙峰之間相互取用資訊，侵犯隱私權保護與比例原則課題，就是搜集資訊與原本資訊取得目的間是否有關連性。台灣的個人資料保護法與周遭國家相比相對進步，個資法裡，對於公務或非公務機關資訊取得、使用都有原則性規範，但像臉書或LINE等針對個別犯罪偵查時，資料取得往往受限，檢調機關非常希望掌握這些資訊，才能繼續偵辦。

過去常透過協商討論、建立平台，經由多方資料搜集，商討如何處理相關實體法與程序法問題，如台權會運作模式。科技偵查法草案提出，感覺依法行政，所有爭議都規定在法律裡，但以高調的科技偵查法方式進行，是否有必要？這是在民主社會的懷疑、有更近一步討論空間，反映出台灣對科技偵查法，無論在人權或法治面應有一定程度約束。

曹家榮

關於隱私、資訊的問題，與社群媒體帶來的假新聞現象有關。二〇一九年底，英國的牛津大學網路研究所所長霍華德（Philip Howard）受邀來台灣演講，談論假新聞議題，霍華德提到在討論巨型社群軟體管理時，資訊揭露是相當重要，也就是臉書推播的資訊，如背後不是單純的個人訊息，必須標記或註釋，如政治宣傳、廣告等，讓使用者知道背後訊息來源是有特殊目的用途，以資訊揭露作為管理社群媒體所產生的社會影響，相當重要。

葉俊榮

台灣的監督案例值得觀察，如台灣人權促進會，提出二〇一八台灣網路透明報告，我必須要肯定這個民間團體，積極做非常困難的事；另一個是立法授權的嘗試，最近法務部提出引起爭議的科技偵查法草案；再就是國發會推動的數位服務個人化（MyData）平臺。

案例一：台灣人權促進會——二〇一八台灣網路透明報告

台灣人權促進會提出的二〇一八台灣網路透明報告，彙整二〇一五至二〇一六年調查各機關的資料，有些機關願意配合，有些則不願意。從配合機關所提供的資料，發覺當機關需要跟網路服務業者調資料時，一般而言，本國服務業者配合度非常高，外國、跨國業者配合度就沒有那麼高。調查報告也指出大多數是向「非公務機關」提出，至少六萬五千八百八十四次資料請求，檢警調機關提出請求約佔總請求數九五%以上，主要請求理由為偵辦刑事犯罪。檢視各機關提供請求對象資料，接受請求的非公務機關有大幅重疊的狀況，且以本土企業居多。

報告更指出，公務機關中，經濟部、財政部、衛福部、台南市政府警察局是四個提供完整請求發送對象的單位，其資料顯示，這四個單位共提出了二萬六千七百二十五次的網路個資要求，但其中僅有兩次被拒絕。其他單位就不如預期，非公務機關，如台灣固網、新世紀資通、亞太電信所提供的資料也顯示了一〇〇%的配合度，而中華電信不願提供資料，但由台南市警局向中華電信請求兩萬多次中，核准率卻是一〇〇%。相較之下，跨國企業所揭露的平均接受度僅為六四．九%。政府機關與網路服務業者間索取用戶資料，可能是透過和業者協定好的線上系統送出申請。如刑事警察局和臉書（Facebook）合作，在臉書的線上系統填寫制式申請文件後，經臉書方審核後提供（臉書同意提供比例為五一．一%）。由此可知，本土企業對政府請求的配合度遠較跨國企業度高。

調查結果也顯示，資料所屬機關不願意完全配合，獲取的資料並無法完全揭露。在目前的機制下，雖然資料搜集不完整，台灣人權促進會僅能努力拼湊形成議題為之抗衡。

案例二：立法授權的嘗試——科技偵查法草案

法務部前日提出科技偵查法草案，引起軒然大波，此草案全文已從法務部網站撤下，但其中所引發的爭議仍值得我們思考。第一，科技偵查法授權，准許檢警調以「植入程式」方式對通訊軟體，如LINE、Skype等實施通訊監察；第二，通訊監察須由檢察官向法院聲請，取得核准；但若為搜集境外敵對勢力情報，國家情報工作機關首長也可核發核准許可，而科技偵查於核准程序上並未嚴謹妥善規劃。第三，以檢察官向法院申請核准，針對通訊資料有權查扣雲端資料、還原已經刪除之電磁紀錄等爭議。這一類問題是政府機關要去跟非政府機關拿敏感資料，目的為何、怎麼搜集、處理、利用，在公務方面有很多需求，但不知道如何完備進行，任何涉及個人敏感資料蒐集的過程中，必然引起社會關注，科技偵查法只是其一。

政府資料可分為開放資料（Open Data）、共享資料（Shared data）、不開放資料（Closed data），不開放資料的原因為機密、敏感而受到保護，不對外開放，例如國家機密、個人資料。二〇二〇年七月國發會推出的數位服務個人化（MyData）平臺是將不開放資料中，非關國家機密的個人化資料，開放民眾自主運用，等於扮演一個資料下載、交換的中介平臺，居中連結政府機關扮演的資料提供者（Data Provider），以及需要資料的服務提供者（Service Provider）。

目的是為推動個人資料自主運用，讓民眾可自行下載運用個人化資料或單次即時同意傳輸給第三方運用，平臺本身無存留民眾個人資料，民眾同意下載也僅限當次，非永久同意資料取用，民眾可於平臺查詢個人資料使用紀錄，追蹤自己的個人資料運用流向。從國發會現在處理的資訊，有很多是我以前在研考會影子，研考會與經建會合併為國發會，對於民眾所表示的意見、公務意見之處理，在過去研考會都有相關規劃，部分願景是好的，只是作法會引起社會討論，溝通是絕對的必要。MyData 採一次性的設計，就是政府掌握我多少資料，使用後會消除，只會一次性暫存並不會留下資料，這對個人服務使用，也落實個資法中使用端有修改、更正、刪除的權利。

劉育成

數位時代，數據資料成為重要個人資產，資料信託為數據資料管理保存的解方之一，資料信託有幾種類型，第一為公民資料信託，就是把公民價值跟參與過程放到信託過程中，現在的數據不是只有次級資料，而是所有人都是資料提供者，應鼓勵主動參與且願意把自己的資料提供出來、交由信託組織來管理；第二為由下而上（Bottom-up）的相互運作，不再是過去由上而下地透過政府搜集資料與管理資料，而是進一步去思考如何將所搜集的資料提供給權利個體。

未來數位時代仍會面臨很多問題與挑戰，第一、信託透明度問題、是否需要新的專業數據受託人，這是否也會導致一個新的階級或職業出現；第二、有沒有可能會有壟斷濫用的問題，該如何解決？第三、標準化的問題；第四、責信的問題；第五、授權的問題等。即便是在資料信託之後，當需要使用時，授權問題該如何處理？這些都是未來會遇到的問題。

主題三：著眼量能建構　強化民主素養

葉俊榮

其實重點不只法規，而是量能建構（capacity building）問題，整個社會的法律面、制度面，甚至跨領域的溝通協調，是否都準備妥善，需要時間進行充分討論。我認為數位時代問題，不是法律訂定就能解決，背後有更重要的態度去面對。人類社會需要透過溝通協調才能走到今日。

以前電話出來時，我們都覺得很棒，可以從這端聽到另外一端的聲音，還可以利用電話跟另一端做生意，電話的發明感覺很棒，但電話演進到今天的手機，手機經常寸步不離，反思有比較自由？以前數位匯流之前是電話線、光纖線，人被綁在電話線一端，進入新數位時代後，不用被定點綁住，演變成任何時間、地點，人只要帶著手機四處走動，通話不受限制，實現人類科技發展的理想。從行動角度觀點是自由象徵。但從另外一個角度，隨時都會被找到，不馬上回電話還不行，又變成不自由。數位時代問題，我認為不應只分成單純的自由或不自由討論，或是禁止、約束發展，應該要從量能建構著眼，如何在數位環境下培養實力，讓人才能在數位時代充分發揮，事先知道負面因素，再一一去克服。

政府能做的事，一定要逼政府做到，但有很多事情不是政府角色能做好的，如數位素養。社群網站上的禮儀一定要培養，包括媒體識讀、民主素養強化等。這必須要經過試驗，不是光是教育即可一步到位，試驗過程會面臨很多困難，從中習得教訓不斷地往前走，這就是台灣以前面對新時代來臨必經過程，從學術建構、充分討論到政策實踐。但也不需太悲觀，我認為所有人才、各式專業，都對於如何進入數位時代有所貢獻，不只是誰要去做的問題，每個人都有所貢獻，尤其是學界專長，數位時代要處理的不只有法律，也要不斷研究其他很多跨領域面向議題，讓政府變得更聰明，然後也變得更可信賴，同時讓民眾也更懂得數位民主，尊重別人同時也能發揮自己。

數位時代商業模式也不斷演進，網路服務業者的服務內容也是不斷更新，同時也與全球互動，不能單純以切割或約束管制。透過量能建構迎接數位時代來臨，而不是單純去阻擋、切割、管制。再者，資安問題非常重要，在複雜國際情勢下，資安如果牽動到國家安全，資安管理、建置就是非常嚴肅，絕非小事。資安發展，本身也是非常重要產業，如能事先可能憂慮的部分提出討論，社會即可以正面態度去面對資安問題。以上是數位時代真正應有的作為，法律只是當中一部分。

劉育成

數位素養不只針對特定年齡，所有人面臨相同問題。現在網軍與民粹盛行，要年輕人不要使用社群媒體，不要相信社群媒體不真實的言論，更不要在上面亂發言，是困難的，這已是年輕人的日常生活常態。現在很多平台如 Dcard、Youtube 等，都是以匿名留言，一般使用者無法得知留言者真實身分，再者，網路霸凌也與過去有差別，已無時間或空間斷點，是二十四小時存在。這樣的社會現象背後有很多原因，如生活數位化、網路通訊發達，以及就是以匿名發表言論，認為言論自由不需要負責任，匿名發文產生過度的言論自由，會不自覺而肆無忌憚的傷害社會和諧或個人。

匿名發言是年輕人的日常生活，年輕人會覺得匿名是應該的，也過度解讀言論自由保障。其實在台灣過去的教學文化裡，問學生有沒有問題，多數不會直接表達，藉由數位時代方便，利用匿名提問軟體，學生可以即時發問、表達意見，發現學生就會非常踴躍提問，老師可以透過手機應用程式得知學生的問題立即解答。程式也可任意調整記名或不記名的選項，配合教學課程。從我過去教學經驗中，匿名提問數量，真的比現場提問或是記名提問更多，學生也會很願意參與匿名提問。

現在只能談限縮，要全面禁止、控制需要花費成本過高，如極權國家要控制人民思維與生活模式，所費的時間與金錢成本是非常高的，因為必須要滲透且防範，台灣早期也是一樣，必須要花費高成本、人力、物力才能監控每一個人所講的話，作有效控制。如果馬上要全面禁止，社會必須要付出高額成本、國家要付出代價也不小。至於全面掌控會不會有效果？不得而知，至少台灣已很習慣於數位化自由生活，年輕人也都習慣，若冒然全面監控改變現況，引發衝突不容小覷。

趙政岷

作為資深媒體人，對今日媒體現象是悲觀的。我認為台灣媒體未能正向發展，網路時代裡，報導瞻前顧後，立場說變就變。數位應用下趨於為一種聲音服務沉淪，新聞／媒體在公平性和誠實度上，媒體公器面臨聲譽的侵蝕。

面對未來的數位衝擊該怎麼辦？我認為必須不會被數位馴化，要多做點人做的事—思考與判斷。如看待今日的媒體報導，可能先了解立場與顏色，將解碼權與編碼權回到自己身上，不要只聽訊息發布方，也不要聽中間媒介方，必須學習訊息是怎麼被編碼或被解碼。現在網紅不只靠點閱率分潤，多少還要接業配。如博恩夜夜秀，不只是售票的脫口秀節目，原來上節目的每個人是可以出錢配合置入節目，只是每個人付的錢不太一樣，很像是過去電台、電視在法規範圍內，置入性行銷的商業模式或行為，在新網路平台串流下，網紅很多時候遊走在法律邊緣，只能靠自媒體自律。

陳添枝

社群媒體力量影響，很難一言以蔽之，最近看到世界上最有權力的人，總統候選人辯論的時候，議題失真也不聚焦，更不斷利用社群媒體表達竟見，想到未來該如何教育下一代就覺得很困難。

主題四：監控資本主義下 世代的課題

趙政岷

在我的職場中偶爾跟年輕同事談話，後來都是我被說服。其實我們應該要相信年輕人，這是新的科技與文明衝擊的年代，數位時代對生活數響，必須嚴肅面對。目前企業文化不再是老闆訂定，而是員工群體力量形成，最後也不是老闆說了算，是靠大家的專業與自由意志而成。

數位衝擊可以拆成三個部分，第一、數位化替代人力，是不是百分之百替代越好，必須要弄清楚，人權、自由等再重新定義，第二、如果網路霸凌罪刑與人身侵犯傷害罪是否為同樣罪責？刑罰權基本要件是罪刑法定，以行為時必須有法律明文規定，但在生活中常看到實體傷害罪判刑比網路無形傷害刑責來得重，可所受的傷害卻一樣，甚至更加嚴重，導致有人因此就想不開自殺身亡，新數位生活，法律保障是否跟得上數位時代腳步，人權應該有新的次序討論。第三、數位時代中的人性不見了，人性是道德防線不應該不見，如果都變成機器控制就麻煩了。以前學知識管理，知識分成好幾個部分，一個是數據、一個是資訊、透過處理分析產生知識。知識可以重複運用，知識更可能變成智慧傳承。最後在 Data 處理過程，不能排除人的智慧，或是無法產生出可以重複運用的知識。

曹家榮

社群軟體最大盈利動機來源就是販賣廣告，積極搜集使用者訊息，在把資料整理後，販賣給廣告商，今天並非要走到最極端禁止社群媒體或企業廣告販賣，退萬步言，就是管理演算法問題，社群媒體運作都是依賴演算法，找出使用者情緒，然後推播，但並非所有使用者都接受，我就非常希望社群媒體未來能讓使用者選擇時間流排序方式推播訊息，提供新到舊的資訊就好，就類似我們之前看報紙、電視新聞節目，依序播放，無論喜歡或不喜歡都應該被看到。最後到資訊揭露的管理，讓使用者知道特殊訊息來源目的。

劉育成

社會已漸漸形成數位化的新互動模式，從小教育數位素養變得非常重要。數位素養培育與養成，唯有透過日常生活教育落實。單純以灌輸數位對人類的危害的填鴨式教育是沒有任何幫助，更無法落實數位素養。在我的教學經驗中，以數位衝擊生活的例子，如利用網路攝錄影平台（Insecam），讓學生找自己家附近的攝影機，發現數位對生活最是直接的衝擊。大部分的人，可能會認為家裡附近監視器越多越好，帶來安全的生活、發生問題可以立即透過錄像回溯釐清真相。

像交通事故或犯罪就很容易利用攝影機協助處理，但同時可能也會帶來一些後果，如隱私外洩。也不能因為網路監視錄像外流，就不要使用監視器，而是在數位化發展便利的同時，也同時思考會帶來負面部分，當在裝監視器，按下同意隱私權搜集時、資料如何被搜集、處理、利用要審慎評估，同意授權內文是否侵犯權利、隱私的直接關係。無論年輕人或成年人，持續的教育還是比較重要，數位素養教育方式有很多，要怎麼著力需要大家集思廣義，一起因應數位時代的變遷。

曹家榮

社群媒體就是一堆人以各種形式聚集在網路上，從早期 Ptt 到今日的臉書、Twitter 等，更有時下年輕世代最流行的 IG、抖音。社群媒體基本上反應人類最基本「連結」的慾望。二十世紀精神分析學家弗洛姆曾提出，人類初始狀態是與自然及其他人類在一起的狀態，換言之，人類歷史進展，其實是由跟他人在群聚，然後再慢慢分離開，變成現在的個體、獨立、自由的狀態。從群聚連結到個體獨立，看起來好像是解放，但同樣也帶來焦慮、不安。

焦慮與不安的反應，不斷在歷史中展現，網際網路出現也是體現人類渴望與別人快速連結的狀態，一九九〇年代前後的網路世界，會以地球村概念，將全球人類重新連結在一起。隨著網路科技演化過程，網路社群媒體很難不存在，藉由人對連結的渴望，社群媒體必然會以某種形式出現，即便不是今天的臉書，也會以新類型出現。

社群媒體科技具體化實現了人的慾望，連結後必然衍生新問題，如臉書使用，不僅單純處理禁止或關閉的問題。在紀錄片《智能社會：進退兩難》（The Social Dilemma）中，令人質疑的地方，就是單方面認為臉書、Google 有問題，但也不能完全禁止它們的存在。問題不是它本身多邪惡，而是在它背後的商業邏輯存在資本主義利益與追求利潤的力量。像臉書等巨型企業，最關鍵的問題在追求利潤的動機越來越大、越來越停不下來，更試圖把人類所有經驗行為都吞噬殆盡。

趙政岷

我對台灣媒體是悲觀的，我認為媒體目前沒有轉好或正向發展，現在寫稿要比三十年前更擔心，需要瞻前顧後、無論怎麼表達立場，都會被錯誤解讀，媒體慢慢變成一個顏色或是一種聲音，想講的人、想表達的人變成是同一種聲音，而且立場在網路時代裡，更可以說變就變。

最後，我還是鼓勵看書，看書跟滑臉書真的不一樣，看書是自己決定要看到哪裡、什麼時候該休息，邊看書可以邊思考，據科學家研究結果，看書時的腦內啡活化區比較多，主導性高；看電影、訊息、影片都是被主導，所以在主動性跟被動性事情上，慢慢要多做主動性的事，如學會獨處，當手機離開身邊一天、七天，還有沒有辦法生活，或是多當召集人、活動主辦者，不要當被召集人、參與者，我們現在幾乎都是被別人或數位牽著走。

至於串流媒體服務（OTT），現在沒有辦法擋住數位全球化，必須學習接受數位化並找到自己立場。未來各國政府面對串流的應用，要思考是要以現行關稅，還是制定新法規等。數位化的串流，更要能建立在地性文化，不被網路同一種聲音同化，數位時代衍生的問題，應尊重多元。找問題是最難的，應多舉辦一些世代溝通平台討論，找到問題後，解答就會慢慢出來。

曹家榮

自由的代價就是必須承擔自己的選擇；數位時代引導人類去順從監控資本主義的各種機制。所誕生的原因是第二現代處境，所謂第二現代處境就是人類有的自由是很自然的存在，但自由帶來的代價就是必須承擔自己做決定的責任，且在自由狀態下的決定，責任都是自己要負責的後果。人類可以自由選擇，如工作職業、就讀科系等，失敗後是自己的責任，不是任何人的責任。不像在傳統社會中，可以責怪上一代是農夫就一輩子是農夫，現代社會，自由同時是責任。因此帶來巨大的恐慌跟焦慮，人類必須為沒有標準答案的人生找目標、負責。

社會學家齊格蒙．鮑曼（Zygmunt Bauman）曾提出觀點—重返烏托邦，意指人民開始有烏托邦想像，就是希望回到過去美好懷舊時光，川普當選其實就是懷舊主義、重返烏托邦的展現，想要渴望回到舊有時光。對於不確定的恐懼、重返烏托邦的渴望，也是為什麼監控資本主義可以成長、茁壯的原因，希望透過機器、演算法幫助人類快速決定確定生活，希望搜尋引擎可以精準找到答案，希望導航軟體可以最快速捷徑抵達目標。監控資本主義興起是以服務消費者為名，帶來確定性決策的狀態下，光明正大地實施行為剩餘的掠奪。

趙政岷

監控資本主義將過去「數據廢氣」實施行為剩餘的掠奪，祖博夫稱之行為價值再投資循環，看似不必要的資料，將用戶互動數據搜集分析賣給廠商，再利用系統與用戶互動產生副產品，使其改善服務或創造消費者新體驗，是數位時代全新生產手段，修出另一個棧道轉換產生很大的利潤。監控資本主義不是批判科技而是資本家，資本家掌握後面一大段並不知道的數據轉換，人類行為剩餘所產生的數據廢氣變成最大財富，而財富被資本家拿走。

現在的世界常見七十歲跟五十歲講話，五十歲會聽，五十歲跟三十歲講話，三十歲不會聽了。三十歲的年輕人生活在的網路世代，監控能成為贏家，能代表有情緒性的勝利，產生同聲線的民主。過往的民主歷經不同聲音的抗爭而存在，而數位時代卻易演變為同一種聲音能代表民主，同一種方式愛台灣才叫愛台灣。當社群傳播力量逐漸極大化，像臉書使用者有二十億，產生共鳴後將力道傳播出去，則意識慢慢統一，但網軍真能夠治國嗎？現今的政治綜藝化，連像美國這樣強大的國家的競選策略，不就是政治綜藝化的呈現？在監控資本主義時代，社群媒體的操作、渲染下，世界大同好像趨於一個世界一種聲音。

現今網路時代散佈訊息時，應理解為一種常態，我不認為可以改變回到過去，必須接受是一個新生態，如前所提，五十歲會被七十歲及三十歲罵，五十歲也要找到方法對應。年紀只是舉例並非全貌，七十歲和五十歲能學習做到三十歲的事，三十歲也能透過溝通傳承七十歲與五十歲的經驗。

原先該由人類自由掌握決定的權利，不知不覺讓別人或機器來幫自己下決定。人類必須重新奪回自主意識的主導權。監控資本主義下的數位素養，應以人類最基本的自由、平等、博愛是最能貫穿培養數位素養的態度，更大的包容力學習及共創新數位生活的生態體系。維持好奇心，深思發展的進步與缺失，用參與式體驗和數位時代共榮共生，不讓機器控制人類的思想自由意志，在網路發達年代，更需重人權、尊人性，保持初心。

結語

陳添枝（臺灣大學經濟學系名譽教授）

面對數位時代未來變化，對三十歲壓力很大，量能建構也尚未成形，無論社群媒體、媒體現象或數位化發展，我們都要抱持和平共處態度，珍視年輕人的觀點，嚴正對待，抱持希望。期待與年輕人一起以正向態度面對數位時代問題，承擔挑戰，基金會持續創造量能建構平台，扮演產、官、學溝通角色。數位時代問題須要透過充份討論與量能建構，才能讓人類與數位生活平衡共存。

（本篇由二〇二〇年十月七號「揭開數位時代 跨域知識交流」研討會集結而成。）

策畫、整理：陳東伯

專題三

下一個機會？瞬息萬變的數位趨勢未來

第一章　再談數位時代

前言

網路時代興起，數位科技一步步改變產業生態與民眾生活，如英國作家狄更斯名言：「這是最好的時代，也是最壞的時代」；數位應用雖帶來詐騙、假訊息等負面影響，卻也發展出許多正面用途，如「歐洲數位羅盤計畫」中所提到，數位科技在維持經濟、社會生活和永續發展上，至關重要。二〇二二年八月，我國數位發展部正式掛牌成立，部會被賦予「國家數位發展領航者」的期待，未來部門要如何推動數位轉型，解決社會疑慮，引領資通訊產業持續發展優勢，在國際舞台扮演角色，是值得全民一同討論與監督的課題。

從二〇一八年起，有感世界局勢變化，基金會舉辦多場「數位時代」研討會，與專家學者共同務實面對產業挑戰，翻轉思維、長遠佈局；從企業角度出發，建議跟進數位轉型浪潮，從內部制度上做全面調整，並期許政府思考如何建立良好科技整合環境，培養跨領域人才與法律制度的建置。在世界各國都磨拳接招數位衝擊的時刻，民間力量也應盡一己之力，擔負社會責任，以宏觀精神，督促政府成為數位時代來臨時，產業和社會強力的後盾。

引言

史欽泰

（前工研院院長、余紀忠文教基金會董事）

”遙想過去，我的這一代，是最幸福的一代，沒有戰爭，人們都過太平盛世，全球到處都可去，所有人共享一個經濟自由發展快速成長的時代，並一同將經濟效益發展到極致。但現在已走向數位時代，無法慢下腳步，科技是不等人的。“

這三年，為什麼世界各地對數位、網路對生活的改變，感受越來越深？主要源自兩個層面；一是新冠疫情影響，所有人都要保持距離，幾乎沒有實際交流；這之中，保持距離最容易，卻又能互相聯繫的媒介，就是網路。

網路讓我們瞭解到疫情的影響，遍布全球而不單單只是台灣；全世界都已走上對數位發展重視的路途，資訊、網路、科技，在其中更是扮演重要角色。其二是，美中兩強對抗越來越激烈，地緣政治影響，供應鏈失去全球化帶來的好處。若上述兩個因素持續存在，未來無論哪個國家要尋求穩定發展，都需要趁此刻加把勁努力轉型，否則難以為繼，我們沒有其他的選擇。

不等人的科技 持續發展不停歇

遙想過去，我的這一代，是最幸福的一代，沒有戰爭，人們都過太平盛世，全球到處都可去，所有人共享一個經濟自由發展快速成長的時代，並一同將經濟效益發展到極致。但現在已走向數位時代，無法慢下腳步，科技是不等人的，就算避而不談，它仍繼續發展，演進也越來越快。比如跨領域的智慧應用，或是產業數位轉型，都勢不可擋、非做不可；數據、傳播、儲存越發快速，再搭配上大數據、人工智慧、機器學習，靠著數據分析應用發展的產業、商品，則越來越多、越來越精巧。

過去，人們是靠著石化原料、物質原料建立經濟體，現在轉而要靠「數據」，成就新的時代。

這些類智慧的運用，不管是在製造面、教育面，在根本上都有相同的目的，就是為人類服務，不過現在發展趨勢，漸漸什麼事物都靠 AI，我們人又在哪裡？我認為說這些科技的發展，最終還是要回到為人的初心，才不會失了方向。

最後，我想提到半導體在新時代中，從供應微小化的元件，到與演算法、AI 等技術搭配，可產出多內容、多樣性的無限可能。不可諱言這些科技的研發、創新，全都要仰賴半導體，沒有半導體，就沒有辦法做到這麼多的事情，現在世界因半導體看到台灣了，要怎麼把握關鍵技術，適應快速發展帶來的更多挑戰，是政府與全民應去思考的問題。

領航新福爾摩沙 數位永續方針

郭耀煌
（成功大學教授）

”我們談數位永續，會從六大方針談起。台灣要成為數位國家典範，最大的挑戰正是數位治理。數位治理是要把基礎環境和法制弄好，必須要從中央到地方、從官方到民間形成一個緊密合作、有效率的數位治理生態系統。“

我想跟大家分享過去兩年多，我跟團隊成員一直在思考如何形塑台灣未來數位發展面貌的一些想法。我們希望建立一個全面的視野，探討台灣如何能在數位時代永續發展，因此提出一個「數位永續」的概念及其發展方針。我們在概念前面加上新福爾摩沙，是因為台灣是美麗之島，但除了實體世界外，我們更期待在無邊界的網路空間把台灣放大，讓台灣在數位大航海時代，仍然是一個美麗國度。這也是我負責籌設數位發展部時期，希望藉此展現政府設立數位發展部之新思惟和新價值。「數位永續」簡單的定義就是「在虛實整合世界中，發揮創新活力，持續推動數位轉型，實踐社會、經濟與環境永續」。今天，在這個概念下，我將和大家分享對若干台灣數位發展重要議題的觀點。

中央到地方 完善治理網絡

我們談數位永續，會從六大方針談起。首先就是數位治理，台灣要成為數位國家典範，最大的挑戰正是數位治理。數位治理是要把基礎環境和法制弄好，它不是靠辦活動、辦比賽、給補助就可以發生的，也不是成立數位發展部後，問題就自然解決了，而是必須要從中央到地方、從官方到民間形成一個緊密合作、有效率的數位治理生態系統。

第二個方針就是發揮數位活力，展現數位多樣性。那為什麼需要談多樣性？首先，我們談創新經濟，如果沒有多樣性就不太可能產生多元的創新典範，社會和產業就不可能生生不息。台灣如果真的要發展創新經濟，那一定要展現數位多樣性。其次是要實現包容性的社會；打個比方，政府推動晶片身分證其實用意良善，為什麼現在必須要暫停推動？我覺得其中有個原因是一開始的設計缺乏包容性；國民只有一個選擇，只能換一種型式的晶片身分證，上面不只有自然人憑證，也儲存重要個資。但國民的價值觀、使用樣態本身就有多樣性，有人重視方便，有人重視隱私安全，民主社會很難要求所有人只有一種選擇。我們現在行駛高速公路也有兩種科技化的收費方式，大家可以有不同的選擇。我們要展現包容，就必須要尊重數位多樣性，甚至要包容暫時不選擇數位化的選項。

六大方針建立數位國家典範

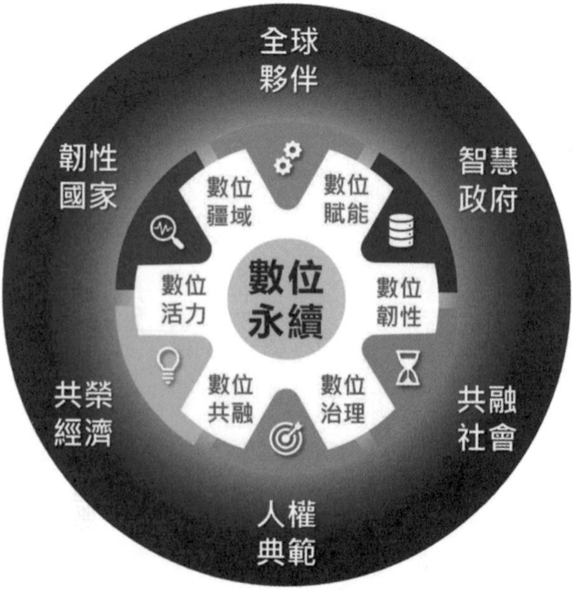

提升人才資本 實踐數位雙融

第三個方針是要推升數位人力資本。台灣最重要的基礎是什麼？當然是人才，問題是台灣對人才的觀點、視野要不要再放大一點？不少企業主跟我說人才短缺是國安問題。但如果只看台灣這一口井，現在又少子化，自然粥少僧多。所以，我們要能夠將眼光放大到運用全世界的人才。不只吸引他們來台灣發展，也可以跨境運用他們。另外，是不是只有資通科技人才才算是數位人才？其實數位人才需求是多元的，而且現在年輕人越來越斜槓，我們可以從很多非資通領域出身的人才看出他們傑出的數位潛力，我們要不要想辦法把他們發掘出來，他們就是π型人才，要發展數位軟體和服務常需要這種人才，跟硬體、晶片半導體產業需要的工程人才可能有所不一樣。

下一個方針是數位共融，數位共融不單純屬於社會範疇，也涉及經濟範疇。過去台灣談數位發展、數位轉型，常常跟零碳轉型、綠色轉型個別獨立來討論，但這兩個議題平行發展是有問題的，它們應該形成雙螺旋轉型方式相互影響推進。台灣製造業消耗了很多電，本身就要做零碳轉型，我們能不能用數位科技、服務去加速產業的零碳轉型，尤其是中小企業？我覺得這也是一種共融的概念，與環境共融也是選項。

同溫層固化 正視第四權崩壞

當前網路社會有受演算法主宰及同溫層固化的現象，建立公民共識，形塑新社會契約是重要的。但是，有些問題需要數位發展部多花點心思來解決。最大的挑戰是數位治理怎麼兼顧人權跟創新？我們的數位法制調適緩慢，政府對數位人權保障的承諾是什麼？其法治基礎是什麼？目前並不清晰。其次，第四權生態正在解構重組，衝擊著言論自由及媒體生存，怎麼維護第四權，並且落實平台業者的守門人責任，都需要政府正視。另外，資料治理、個資保護，還有 AI 的應用都應該有更積極的政策和完善的法制。政府端保管國民個資、數位足跡和運用 AI 來做決策、執法也要被適度規範，不只是民間要被規範。

促進多核心 區域均衡發展

另一個方針是現在政府談比較多的數位韌性，但這不單單是政府的責任，民眾也要參與，不要一天到晚只說我政府做什麼，要帶著民眾一起做，才能先奠基於國民日常及意志，進而顯露應變效率於變局發生時。韌性需求不只在實體世界，網路世界也要注意佈局；數位韌性的運籌要設法連結國際同盟的資源。其實，數位韌性也可以形成高利基的產業區塊，一方面鞏固台灣本身的生存韌性，另一方面開拓國際商機。

最後一個方針則是數位疆域拓展。首先是數位國土的區域均衡發展，各位現在用電腦、手機的 CPU 都已是多核心了，但台灣的數位產業發展跟數位治理體制是單核心還是多核心？數位發展部為何無法有多核心辦公場域，展現數位科技的優勢，一定要人才到台北才能為其所用？台灣的數位產業重心仍集中在新竹以北。我近期和一些友人希望提倡區域均衡發展數位永續生活圈的政策。

以南部為例，可以把台南沙崙加上高雄亞灣，變成大南方的雙核心數位永續新都，發展新興資安科技產業鏈、綠色數位轉型服務鏈、跨境元宇宙創意經濟生態圈等，搭配S科技廊道的科學園區產業，軟硬攜手、異業合作，輔以優質生活環境及福祉措施，吸引知識經濟者在南部長期發展。中部和東部也可以推動自己的數位永續發展特色。台灣數位疆域的視野更要延伸到無邊界網路世界，積極參與國際數位協作，成為全球信賴之合作夥伴，同時發展具台灣特色跨境服務，吸引全球數位住民使用，實踐有價值之數位永續貢獻。

・π型人才：指至少擁有兩種專業技能，並能將多門知識融會貫通的高級複合型人才；π下面的兩豎指兩種專業技能，上面的一橫指能將多門知識融會應用。

為數位政策安置平台 轉型打基礎

呂正華
（數位部產業署署長）

”

智慧生活是用人的智慧科技去解決痛點、縮短城鄉差距等問題；回顧疫情這兩年多，不只戴口罩，而是生活也改變了，如果沒有電子商務、沒有 Uber eats，連吃飯都是一個大的課題，work from home、study from home 都是數位轉型的契機。

“

數位部的基礎主要謝謝郭耀煌政委，在立法院詢答組織條例時，不只有數位發展部，還包括數位產業署、資通安全署，一部兩署的組織條例，都是在郭政委任內完成。其後行政院請唐鳳政委籌畫，覺得數位部要強化全民的數位韌性，敲定八月二十七日掛牌，我也從工業局移到數位發展部，基本上是工業局前局長，目前新職稱是署長。問我現在主管有哪些產業？其實較工業局是少了非常多。重點在於我們有沒有把數位扎根的力量安置好，做好基礎讓各行各業能達到數位轉型，使相應的平台經濟、電子商務、AI甚至人權福利、個人隱私、數位的隱私、個人的資料等等，所有上述內容都跟產業是息息相關。

簡介數位法展部 多元宇宙受矚目

成立數位產業署，為方便理解，部長請小編把我們的組織藉由六片吐司兩個薯條來說明，部內有六個司，民主網絡司底下有一個多元宇宙科，很受矚目，為什麼要「多」元宇宙？唐鳳曾舉例，二十年前是中華電信的電話號碼，想從中華換遠傳，需要告知每個朋友換號碼，改良後號碼可攜，攜碼換電信收取兩百五十塊，電信公司會為新客戶欣然付費，也不用跟朋友說換號碼，多元宇宙就是這種互通互聯的概念。

我們的 logo 是小寫的 ADI，重點是 Administration for Digital Industries，也就是除數位包容多元之外，要做各行各業的數位轉型。上任第一天記者問有沒有什麼新的計畫？我整合 RISE 旭升計畫，R韌性（Resilience）、I整合（Integration）、S安全（Security）、E賦權（Empowerment），每一步都很重要。

路易莎贏過星巴克？數位轉型、建置實例

數位建制為什麼重要？去年塞港的時候，沒有數位追蹤怎知你的貨到哪邊？知道怎麼做供應鏈時比別人快，當然都是透過 IT 系統把缺料部分很快解決。例如，咖啡路易莎如只有五家店、十家店、二十家店，用 Excel 傳這些表即可，現在擁有五百多家，甚至已比星巴克還要多，已沒辦法用 Excel 快速去做管控？需要透過數位轉型，讓在大安森林公園買的咖啡到台中火車站買的，都維持一樣的品質。另外可針對每間店，有 POS 建立銷售預測模型，讓服務更到位；在疫情期間，發現帶筆電坐兩個小時客人不見了，兩分鐘買完就走，所有的商業模式、配餐都要重新改變。產業創新加數位轉型，其實是目前最重要的行業課題。現今產業的轉型、人才的培育，還有政府各部門間的協助，都是我們的業務範圍。

跨國公司稱霸　國家如何接招、過招？

數位蓬勃發展趨動下，數位於生活中已改變很多，出去沒帶手機，大部分人都會焦慮。二十年前，全球前十大公司 Cisco、Microsoft 在前面，十年後中國崛起 PetroChina、China Construction

Bank 擠進十大，後來 Apple 來了，前十大排出來，全都是數位軟體公司，資料驅動未來是重要趨勢。在社會發展裡看見契機、挑戰、接續各類情況，包括通傳的韌性，俄烏戰爭看到的通訊角色功能，我們在俄羅斯跟烏克蘭的戰爭裡頭看到通訊，以前戰爭都是水和電，但現在不是，現在必須維持通訊，才能把烏克蘭民眾遇到情況傳出，還有偵查通訊軍隊的移動等等，再再顯出數位韌性的重要。

智慧協力合作 科技解決痛點

智慧生活是用人的智慧科技去解決痛點、縮短城鄉差距等問題；回顧疫情這兩年多，不只戴口罩，而是生活也改變了，如果沒有電子商務、沒有 Uber eats，連吃飯都是一個大的課題，work from home、study from home 都是數位轉型的契機。未來我們各行各業的社會轉型、人才的培育、資安產業化還有資安的產業防護，包括汽車也可能是軟體定義汽車、網路也是軟體定義網路晶片、晶片以後是也軟體定義晶片，所以軟體是很重要的，再加上以後的元宇宙等等，我想所有人都希望讓產業發展的更好。

踏上牧羊少年奇幻之旅

我想說，當真心渴望一件事情的時候，我們努力去做，全宇宙都會聯合幫你，「牧羊少年奇幻之旅故事」告訴我的，台灣產業已經有很好的基礎，相信並合力協作，產業才能發展更好，數位強台灣產業才能更強。

元宇宙：或稱為後設宇宙，是一個聚焦於社交連結的 3D 虛擬世界之網路，主要探討一個持久化和去中心化的線上三維虛擬環境。此虛擬環境將可以通過虛擬實境眼鏡、擴增實境眼鏡、手機、個人電腦和電子遊戲機進入人造的虛擬世界。

數位發展下的社會 影響與生活

詹文男
（數位轉型學院院長）

「役物而不役於物」，就是說如能把科技AI當做工具，可以發揮其效用，但若做不到的話，可能反被他操控，這是一個非常嚴肅、必須深究的議題。

我想談一下數位科技對社會帶來的變革跟挑戰。由於數位應用無所不在，我會從個人開始一路談，到底科技發展對人類生活，帶來什麼樣的變化，又有什麼樣的挑戰？而這些影響下，我們又該注意些什麼？我有一個老長官叫老杜，聊天時提到退休前每天趕開會，退休後每天忙按讚，也注意誰沒按讚，這就是他目前生活在科技包圍下的全貌；由此而知，個人的生活跟科技已完全脫離不了關係。

家庭、社會氛圍改變 真實互動銳減

從數位科技對家庭的影響談起，全家同桌吃飯，每個人自顧自滑手機機率很高，爸媽買 iPad 給小孩，家長自己在那吃、在那回覆手機，讓我們擔心，未來的孩子到底能不能夠面對，真正的人與人之間的親密溝通；一言以蔽之，就是「越近越遠、越遠越近」；這也可以同理到媒體的部分，以前我們都以為有圖有真相，現在有圖不一定有真相，有聲音也不一定有真相，現在幾乎是真假不分，虛實難辨。尤其許多人幾乎常常在同溫層，因為生活已經很辛苦了，需要談一些你同意我、我同意你的依靠，不喜歡的，就退出群組或者被退出群組；這時你會發現得到的消息和支持，會越來越趨於同溫層，到最後也不清楚訊息到底何謂真何謂假。

AI 帶來的利與弊 產業與隱私安全兩難

至於說到工作跟就業，對數位科技而言應是「役物而不役於物」，就是說如能把科技 AI 當做工具，可以發揮其效用，但若做不到的話，可能反被他操控，這是一個非常嚴肅、必須深究的議題。尤其如果我們以後都用科技處理所有一般事務，可不可以控制它帶來的偏頗問題？各位知道現在有很多公司，因為應徵者太多，都會先以 AI 來過濾人選，更利用 AI 與應徵者對談，用收集到的數據來分析你這個人，進而篩選；那這部分會不會有一些偏見的隱憂？

接下來要發展的就是所謂的精準醫療，怎麼樣能夠讓科技更瞭解我們每一個人，針對每一個人特殊情況，提供客製化醫療，當 AI 越瞭解你，就越可以提供你一些預防疾病的方式。這項服務當然有幾個大挑戰，第一是如何讓 AI 進步到可以理解，怎麼樣讓它可以更精準；第二是當擁有那麼多資訊的時候，怎麼樣去確保個人隱私，這也是非常重要的一環。

韌性智慧城市 找回以人為本的價值

最後我想談談城市，我們居住的地方。人不是在家裡，就是在城市間移動，該怎麼做城市治理、展現智慧的城市韌性，又什麼叫智慧？我覺得智慧要回歸到本意，什麼叫智？就是每天要多一些知識，叫智；慧是古字，說文解字裡「彗」是掃把的意思，每天要掃下面的「心」，讓心靈更沉靜叫智慧。什麼又是城市？「城」古時候的字叫堡壘，可以安全、安心、安事，「市」是買賣之地，是交易的地方，城市讓你可以在生活、生計上都能夠確保。作為一個智慧城市，就是要讓市民每天多一點知識，不是每天都在聽假新聞，是讓心靈可以澄清，人與人可以親近，有自信回歸到以人為本樣貌。

談全球數位治理與台灣政策

鄭嘉逸
（資策會科法所研究員）

”台灣的下一步我們該怎麼去走？平台責任規範的建立，是必須要去做的，正如在早期建立安全港的初衷，它可以促進產業發產也可以保護言論自由。“

公平競爭與不實資訊衝擊

我將以全球內部治理的法制政策，作為分享重點。網路平台在過去幾年，引發了非常多的熱點討論，大致上集中在兩個部分的問題上，第一個是，屬於產業公平競爭的問題；另外一個就是，現在有非常多不實訊息，在網路上進行一些快速發布，到底要怎麼樣使這些內容能及時被取下，不致影響我們的兒少或是一些社會公益，應該如何處理？是今天追究、分享的重點。

第三人法律責任擴張與侵權溫床

以全球內容治理的起源與發展，大致上它重點的核心其實在於第三人的法律責任，我還記得清華大學科法所，在二〇〇三年的時候，那時候所探討第三方責任是只有像ISP，這群服務提供者，過去為了讓網際網路能夠更繁榮的發展，有所謂的安全港條款這樣子的一些法制建立；這些安全條款的目標，第一，不外乎就是要能鼓勵經濟活動創新，讓這些網站能夠快速的去發展，第二，要能夠保護使用者的言論自由，第三，要能夠使第三人；包含這個中介者或數位平台，有權力去處理這些違法內容，並採取一些特定的行動，並避免這些傷害擴大。

我們可以看到第三人責任的理論沿革，過去是比較採取功利論的，為什麼？因為這些直接侵權人通常他是在網路上，你根本不知道他在哪裡，很難被法律做有效的制約，所以侵權行為在網路上，發生的機率是非常的高的。這時候我們賦予第三人安全港，或是給他一些特別的誘因，讓他可以來降低阻止這個侵權的發生，避免網際網路變成是一個培育侵權的溫床，就可以有效抑制侵權的發生，不會因為不小心就有一些很大的、很高的法律責任，也就是說我們希望他這樣做能夠達到利大於弊的效果。

各國法律依程度分類 由嚴格到寬鬆

若以內容治理過去的這些法律來看，我分成五類來看；第一類，就是採取所謂的無過失責任、嚴格責任，也就是說平台對於使用者的行為他是負有責任的，即使這個平臺本身他根本沒有做什麼，他也沒有任何錯誤的行為，那麼他還是要去負責；這時候平台因為在無過失責任之下，他就會用高度的監控方式來避免違法的言論產生，那麼也有可能因為這樣就過度的刪除相關內容，而影響了言論自由，例如說像是對於性販運或者性剝削上，增加責任，所謂的 FOSTA/SESTA 這樣的立法，等於在特定議題上，去做相應的彌補。

第二類是責任豁免，與第一類是兩種極端的做法，比方說像在美國，美國它們的 CDA §230 其實就是一種責任豁免的態度，就是只要你今天沒有對這個言論有做任何的編輯，或是你對這個言論根本就不是你做出來的，那麼你就不需要為他負起任何責任。

比較中間層次的是屬於所謂的過失責任，那這又分成兩類，第三類就是說規定平應該有一些特定義務，這時候平台為了對於應注意的這些特定內容去做監控或防範，我們可以看到最明顯當然就是英國最近的 Online Safety Bill 草案。

第四類是屬於像歐盟現在 DSA 的做法，就是說平台必須要在知悉、或是他有意識到有這樣的違法內容的時候，他有一些相關的責任義務要去履行。那麼在社群上面，比如說像 EFF 他們比較推崇的是法院判決的做法，也就是說這個內容到底違反違法與否，以及平臺應該履行哪些責任，應該是由法院的判決來去作為一個判准，當然他們也提出類似像馬尼拉原則，也就是第五類的做法。

台灣立法爭議？「蛙跳立法」缺乏長遠規劃

至於在推動二〇一八年的數位通訊傳播法，或是在最近的中介法上，為什麼會有一些爭議？我個人覺得第一個原因，是因為「蛙跳立法」，從完全沒有的狀態，要跳到一個像類似像歐盟 DSA 這樣做法的時候，這中間的過程是一個極大的跳躍，且立法的過程中，幾乎是完全保密的狀態，你看不到他跟產業與民間的溝通。

我們回頭來看一下歐盟的數位服務法，它有一個非常漫長的過程，從二〇〇〇年的時候就有一般性安全港的原則，隨著時間的演進有判決的累積跟檢討，或是在二〇一六到一八年的時候有制定相應的軟法，然後他對特別的言論、特別的內容上，例如像我們所說的恐怖主義、像兒童性剝削、像不實訊息上面，他有做到跟數位平台溝通自律行為與準則；在二〇二〇年推出數位服務法草案之前，也有一個長達幾乎快兩年到兩年半過程的討論。

另外一個我要提的就是，數位平台的內容治理上，不是一個部門就可以解決的問題，它是需要很多部門共同去協力來主持的。我們看英國他們在二〇二〇年的時候成立一個 DRCF，是集合他們幾個監管機構，他們希望能夠透過這個組織讓所有的監管機構，第一個是能夠在政策的觀點上達到 coherence（一致性）。第二個在針對特別的個案上能夠緊密的合作（collaboration），第三個是他們認為每個監管機構都有自己本身獨特的能力，他應該把這個能力分享出來，讓其他的機構也共同具備這樣的能力，也就是我們所謂 capability building 這樣的方式。

界定平台責任 強化策略性橫向連結

最後我想要討論就是台灣的下一步我們該怎麼去走？平台責任規範的建立，是必須要去做的，正如在早期建立安全港的初衷，它可以促進產業發產也可以保護言論自由。數位治理其實牽涉到多元多樣的社會跟經濟事物，現在已經很難有一個機關可以完整的處理這件事情，特別是在數位的事務上面，因此公部門、私部門之間必須要去強化這種策略性的、長期的橫向連接。我們對於特定事情的治理方案，比方說內容治理，各部會應該要合作起來去有一致的治理方案，然後針對特定的一些個案也要有緊密的協作模式，最後就是要讓這些資源能夠共享，讓所有相關的公私部門都可瞭解，在數位的發展下，應該要怎麼樣去做。

- FOSTA/SESTA：是美國參議院和眾議院的法案，於二〇一八年四月十一日成立，通過修改CDA §230，以排除聯邦或州，若遇到網路性犯罪時，能發揮法律效力。
- CDA §230：為《美國通信規範法》的一部分，內容只要包含，為平台提供者與用戶免除網路言論責任。

失落的媒體　沒落的第四權

林照真
（臺灣大學新聞所教授）

”媒體沒有辦法得到合理的利潤，媒體沒有辦法公平的競爭，所以媒體除了議價、要求跨國平臺為新聞付費之外之外，也要在廣告的分潤上，建立討論的機制。“

我在過去的中國時報服務了十七年多，事實上當學者也不過才十四、五年，所以當記者的時間比學者還要久。我認為媒體作為社會的第四權，應該是要結合各個公共領域的人，一起來討論，共同討論事務的社會氛圍；但是現在各位也許也跟我一樣的感覺，就是現在媒體比較沒有辦法做這樣的事了。為什麼會如此？

數位時代下的媒體困境

第一是媒體從二十世紀末開始面臨數位衝擊，不斷地在進行轉型，一直到今天都還在轉型中，在經歷非常艱巨的過程；另外，我今天想要講的是，財務困窘的問題。媒體面臨世界最強的平臺，一起競爭有限的廣告資源，就是大家熟悉的 Google、Facebook、Instagram，他們現今變成全球最大的廣告公司，他們的利潤來源剛好，就跟傳統媒體的利潤來源一樣，形成今天講的媒體和平台競爭不公平的數位衝擊。這不是只是台灣的問題，這是全球的問題，全球的媒體都在跟平台的壟斷做抗爭，媒體已經沒落到，很難去持續承擔原本在民主社會應該有的責任。

今天有非常多人在罵記者：「小時候不認真，長大當記者。」我是台大新聞研究所的教授，我當了二十年的記者，真的很不服氣，可是我的學生怎麼辦？其實，如果沒有這些大家認為小時候不讀書的記者，不斷寫很多的報導、不斷地在問一些各位認為不太高明的問題，誰來監督這些政治人物？如果沒有這些記者、如果我們的媒體一直衰退，這些政客是最高興的，因為他們就發臉書就好了，政客有什麼想法就寫臉書就好，現在記者必須去看臉書，政治人物不必開記者會，把意見寫在臉書或是粉絲團中發一發，這對我們記者的第四權、媒體監督政府權力的影響，實在太大。

跨國企業網路壟斷 傳統媒體如何生存？

以報紙為例，因為報紙在各式媒體形態中，記者人數是最多的。也是輿論重要的來源，記者們分散在中央與地方上，提供、追蹤很多專業新聞，成為我們的電視、雜誌、網路，甚至內容農場抄襲的資訊來源。我以台灣的報紙作案例，來跟大家說明，到底我們的媒體受到怎麼樣的衝擊？你會看到，我們報紙廣告衰退超過九成，現在很多廣告甚至來自網路。新聞網站如果希望有更多的流量，媒體要依靠 Google 跟 Facebook 來導入流量。

一家報社私下提供資料，要我用抄的而不要印回去，在二〇一三年他們還有二十億的報紙收入，到去年（二〇二一年）他們的報紙收入只剩下三點五億，數位廣告那麼努力也才三點二億。這樣的經費大跌如何維持一個正常的新聞團隊？如何提供更好的新聞品質內容？這根本毫無疑問是不可能。

程序化廣告購買下的弱勢

媒體巨大的數位衝擊現象到處可見，剖析全球媒體跟跨國平台的壟斷下，我們結合台灣的一些傳播學者、法律學者，一起討論、追蹤，知名的跨國平台從來沒有付錢給新聞媒體，比如Google它的搜尋引擎，其實用新聞、報導的標題、第一段的精華甚至照片的縮圖從來不付費。之外，Google跟Facebook發明的系統建構、也就是掌握整個數位的廣告脈動後，在數位廣告上他們建立新的數位廣告買賣準則，坦白講，這個數位廣告機制不太容易了解，我花了一年多的時間，二十幾個人不斷的在談訪。發現為什麼會有特有的廣告交易名詞，叫做程序化購買？程序化就是一個資工的名詞，這個資工的名詞用來做一個廣告的交易系統，是個非常複雜，光是寫這論文要講清楚都需很多的篇幅。可以瞭解到，台灣大小媒體的業者，不管是廣告主或是媒體人，根本還搞不清楚面對的是什麼，只能制式接受、去操作，在這程序化購買廣告系統下，台灣媒體是非常弱勢。

為台灣新聞 創造公平競爭環境

我想強調的是像Google這樣的科技公司，他們在廣告交易市場中，具有操控廣告交易的影響力，是我們需要知道的事實；比如交易中有很多DSP、DMP、SSP、AdX這些中間不同的角色，Google在每一個環節都有公司、角色扮演，所以每一個環節的利潤，Google都可以拿到。那這種分潤的機制當然對最下游的媒體不公平，媒體沒有辦法得到合理的利潤，媒體沒有辦法公平的競爭，所以媒體除了議價、要求跨國平臺為新聞付費之外，也要在廣告的分潤上，建立討論的機制。

當我還是一個記者的時候，我曾經有很多次深感覺到，我的一篇報導，可以讓台灣的社會，形成一些緩緩的推動，可以對某些政治人物產生一些不小的警告。我只是來自一個公務員的家庭，我沒有背景，可是這就是民主社會，它讓很多的機制可以正常運作。這時很多不符合民主價值、或是投機的政客，就沒有生存的空間，所以我覺得政府須正視媒體要正常健康的生存環境，這是台灣的新聞跟民主的問題，不是一個產業的問題而已。

數位國家願景，以何為本？

呂學錦

（國立陽明交通大學榮譽教授）

“在台灣，政府提出的智慧國家方案，願景是希望在二〇三〇年實現創新、包容、永續的智慧國家，三大重點就是創新數位經濟、活躍網路社會和優勢的寬頻環境。”

追溯電信自由化 起於一九九六

一九九六年我們的電信事業經營做了天翻地覆的改革，各位如果記得的話，是所謂的電信三法。電信法為因應自由化做非常大幅度的修正，本來由政府獨佔經營的電信事業，讓民間企業可以參與經營，這只是台灣在整個數位化過程當中的一小步。最近回顧一下數位化這個課題，看著它走超過一甲子，一九六二年開始全球第一套數位傳輸系統啟用，到今天幾乎全面數位化，電信網路的數位化大致上應該是完成的；接下來正在進行中的是網路功能和服務智慧化。所以我想要探討的，是智慧國家以何為本？

智慧國家發展策略為何？看看新加坡

簡單的回顧一下促進這一波比較大的數位轉型，其實來自二〇一一年的德國，將工業 4.0 的概念傳播、發酵；二〇一六年 AlphaGo 創紀錄打敗世界棋王，AI 技術蓬勃發展，這兩個事件結合帶動這一波轉型。我認為未來發展到最極致的話，應該是屬於智慧國家這個大的範疇；說到智慧國家舉例新加坡，新加坡的智慧國家是傾全國之力，從數位經濟、數位政府，擁抱公私部門，仰賴人民一起努力，希望建立驅動國家向前邁進需要的能力，有一系列的方案策略，來推動智慧國家，用策略性的國家型計劃來落實。

在台灣，政府提出的智慧國家方案，願景是希望在二〇三〇年實現創新、包容、永續的智慧國家，三大重點就是創新數位經濟、活躍網路社會和優勢的寬頻環境，這兩個案例都顯示以人為本的智慧國家理念。但一定要以人為本，來制定未來智慧國家的願景嗎？

以王道文化為骨幹　落實永續解決問題

人的慾望是無窮的，為滿足人欲所制訂的政策及發展，所帶來的影響，目前所知造成氣候變遷、天災頻繁以及新冠病毒等等，人類正在快速破壞自然界生態系統，甚至危及人類生存。在這裡跟各位分享，上位思考應朝哪個方向，我認為應戮力於中華文化與可持續的發展，劉兆玄前院長在擔任中華文化總會會長時，在總統府提出報告，引用湯恩比史學家二十一世紀人類文明的困境，要從儒家思想跟大乘佛法中尋求解答，認為從傳統文化中找精髓，跟二十一世紀全球的主流思想結合，以新的普世價值、王道、佛法切入，解決人類的問題，由王道文化來注入國家發展的規劃，發展王道精神的環保、社區、經濟，真正落實永續。

企業界我非常敬重的好朋友，林蒼生總裁最近出的第二本書《隨便想想》。書中提到台灣應以文化素養引領人類前行，提出應該拋棄 GDP 式的傳統指標衡量國家的發展，改成 GCP，即是 Culture 文化，他認為用 GCP 衡量國家的發展，台灣有機會將這概念帶向世界。另外，孫震校長在最新巨著《孔子新傳—尋找世界發展的新模式》書中提出新模式所需要的新價值主張。孫校長提出人生幸福總價值 H 涵數公式。本人建議擴大這個總價值目標函數的範疇，把王道、自然、大乘佛教等納入。

譜出時代藍圖 科技、自然、行為交織

過去我寫文章認為該以自然為本，現在發現暢談自然為本遠還不夠。人類在過去三百年來所作所為，都不是以自然為出發點，面臨氣候異常的今時今日，正是導正不是以自然為本的重要時機，必須要用其他的科技方法，也就是數位的方法來加以導正，我們才有機會再回歸以自然。

我認為解決問題的方案，可運用約百分之七十到八十科技為本的能量，另百分之十到十五，崇尚保有自然為本；最後行為為本的深思解決方案，是另外百分之十到十五。運用科技的方法逐一消化問題，增加自然為本的比重，並期盼世界重要組織，如聯合國，能夠制訂結合王道、自然、和大乘佛教為本的智慧地球綱領，並參酌人生幸福總價值，作為各個智慧國家規劃的基本理念依據。

綜合討論

主題一：資安即國安　台灣跟上腳步了嗎？

呂學錦

掌握技術　培育國內資安量能

資安這樣的技術產品，我認為必須要自立自強、自己擁有；幾十年前曾經在美國參與研究工作時做過調查，美國之所以願意把保密設備賣給你，是因為他可以掌握你使用這個保密器的一切，如果美方沒有辦法掌握，他就不賣給你並列入管制。這就是為什麼我當年在電信研究所服務，主張保密技術要自己建立。電信研究所建立的保密技術，成為自然人憑證和政府的憑證管理中心（GCA）的核心。

這個政府機關公開金鑰基礎建設（Government Public Key Infrastructure, GPKI）是在行政院研考督導下，中華電信幫忙建制起來，這系統的建制在國際上還小有名氣，曾有中東國家詢問我們能不能幫忙建立他的 PKI。資安依循國際標準當然很好，也是必須的，但更重要的是，依照國際標準建制自己掌握的資安 solution 才是重點我要提到一點，我們資安產業國際化要有策略，因為別人也會希望他自己擁有技術，那我們怎麼樣利用跟別人不一樣的做法，讓資安產業以我們所建立的技術能力可以國際化。

被忽略的隱私權 人民應被保障免於恐懼

現在有個新的名詞叫 clean network trusted 可信賴的網路、可信賴的網路元件，這是今後在供應鏈上我們的網通廠商、資訊產品都必須即刻面對的課題，我就想從 clean network 延伸到有沒有可能是 clean content，想要呼籲的是，雖然自己一輩子在電信事業服務，但覺得很汗顏的是，至今我沒有辦法做到，讓民眾聽到電話鈴聲響時，能免於恐懼。免於恐懼應該是國家對人民安全最基本提供的保障，免於恐懼是很上位的要求，或是最根本要求。我衷心期望任何電信的工具，現在不只是電話、email、line 等等這些，我們的政府能不能幫民眾做到免於恐懼，不要點了一個網址，木馬程式就進來了，然後個資就被拿走了。

資安是全世界每個人，在這個時代都需面對的問題。對企業來說，也是某種意義上的數位轉型，若想轉型成功就必須做到利益跟成本平衡，需要公司最高階層 CEO 的支援、調整企業文化、把握切入時間點，從上到下，創造短期的利益，走向長遠未來。我希望數位發展部和資安署成立後，能夠在資安與數位轉型上有所作為，若成功，這是可以給一千分肯定的。

・公開金鑰基礎建設（PKI）：是一組由硬體、軟體、參與者、管理政策與流程組成的基礎架構，其目的在於創造、管理、分配、使用、儲存以及復原數位憑證。

・乾淨網路（clean network）：是美國國務院委託美國智庫戰略暨國際研究中心（CSIS）評估電信設備供應，公布的一份全球乾淨網路名單，目的在確保其關鍵電信網路、雲端、數據分析、行動應用、物聯網、5G 技術不使用到「不受信任」的設備供應商，以免受惡意攻擊者侵害。

史欽泰

新世代投身資安攻防

資安問題，在電信產業裡面確實是大問題，我在清華的有幾個學生創業，幫一般人解決些問題，就是現在的「whoscall」，鈴聲還沒有響完前，拿起來看螢幕就知道打來的是誰，如果這次沒有顯示，資料庫也會不斷更新，阻斷詐騙、廣告、推銷的可能，或許不全面，但最少有解決某種程度的問題。學生們創業的時候，確實是想讓大家免於被詐騙的恐懼，思考方式是先想解決問題，而不是先想到創業是要賺錢，我覺得也蠻好，蠻正向的。

現在會被資安所干擾的事情，比詐騙還多很多，很多程式的問題對一般人，要防範確實是相當困難；也聽專門在 IoT 做資安的，也表示互聯網實在太難 pick up，現在走到萬物聯網的趨勢，漏洞變得更是太多，幾乎每個 device 都要做到保護，看來困難、挑戰會很多，除技術之外，需要很多管理能夠配合。民眾警覺性變高，目前大家不敢用網路手機，怕接了電話之後，一輩子累計的退休金都不見了或者是什麼，資安確實是一個很大的問題。

・Whoscall：為台灣走著瞧股份有限公司開發的來電辨識應用程式服務，該服務專為用戶辨識陌生來電號碼及封鎖騷擾詐騙號碼，全球突破一億下載量、擁有超過十六億筆電話資料庫。

呂正華

這幾年其實台灣面對很多資安攻擊，讓產業界慢慢了解，資安是重要的。比如，兩、三年前的一個例子，台積電有一個 USB 夾帶病毒的事件。當半導體這麼重要的產業，遇到 USB 事件所衍生出的資安問題時，重新回去檢查時，發現舊的機台用 Windows 7，但 Windows 7 不再更新了怎麼辦？那就是要做一些補強及防護。再舉一個例子，有些設備比如說我們做印刷電路板，他去買別人的機器設備進來，可是你怎麼確保別人買電腦後都會先做掃毒？這個課題也需要協助。

投入產業化、標準化、國際化 各界動起來

政府策略如何動起來？第一，遇到這課題就得努力去解決；政府部門向 SEMI 提案，制定標準 SEMI E187，在今年一月 SEMI E187 也成為國際的標準，可以說遇到問題，反而可以讓政府

與產業更加重視解決方案。此外，聯合諸如趨勢科技或國內的一些業者，為軟體做防護研究、建立標準，加入團隊共同努力，目標就是讓相關行業能導入端點防護，以及入廠前的掃毒等機制，成為今日產業界系統化的思維、模式。

第二、是資安要產業化或產業資安化，那我們在資安上面的推動郭耀煌政委也幫我們很多，他在科技會報辦公室的時候，就已經有把資安這樣的課題，包括那時候的行政院資安處還有工業局，我們就在推這樣的資安產業。數位部成立之後的數位產業署，這樣的業務就移到產業署來推動。我去年在工業局的時候，也把資安投資抵減納入產創條例，環境面增加更多的誘因。另外，我們在台南沙崙有一個ACW

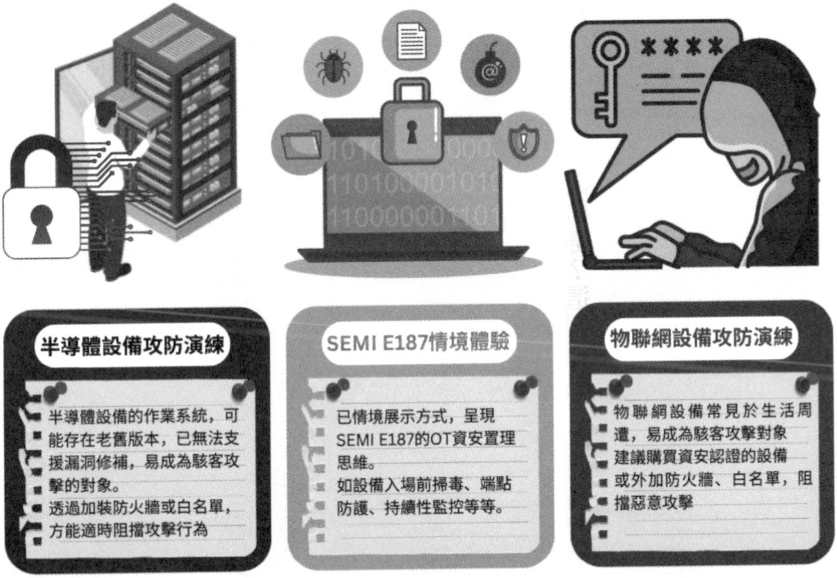
半導體設備攻防演練
半導體設備的作業系統，可能存在老舊版本，已無法支援漏洞修補，易成為駭客攻擊的對象。
透過加裝防火牆或白名單，方能適時阻擋攻擊行為
SEMI E187情境體驗
已情境展示方式，呈現SEMI E187的OT資安置理思維。
如設備入場前掃毒、端點防護、持續性監控等等。
物聯網設備攻防演練
物聯網設備常見於生活周遭，易成為駭客攻擊對象
建議購買資安認證的設備或外加防火牆、白名單，阻擋惡意攻擊

SOUTH，有一個資安的實證場域，目前數位部規劃的資安研究院，年底該研究院成立的時候會擺在沙崙，那南北在數位發展上，也可以一起成長、達到平衡。

知識擴散 需要世代隱形冠軍

呂學錦前輩特別提到，要免於接電話的恐懼，這是每個人，若是親朋好友曾接過這種電話，一定非常痛惡這些人。現在政府部門執行的方法，是數位部研究推動短網址，讓政府部門才能用 gov.tw，其他人不可以使用。此外，國內還有很多的隱形冠軍 Hidden Champions，它技術很厲害，它可能在某個特色、某個聚落等可以發揮得很好，可是他的資安可能比較不一定留意到，資安的特質就有點像保險，沒發生事情的時候你都知道很重要，但是就是稍微賭一把想說應該不會發生，可是當你發生事情的時候損害就很大。

所以資安這一塊，我們希望透過知識擴散，或者是類似研討會的討論跟會後報導，讓更多人瞭解資安的重要性，進而去重視、面對它。此外，我們也還有很多年輕的朋友，他們願意來投入資安的領域，能夠一起把產業帶起來。數位發展部部長唐鳳曾寫下「When we see “internet of things”, let's make it an internet of beings.」從他的話，可以理解數位部最重要的是，幫大家去做各產業的數位轉型與升級。

・台積電 USB 產線中毒：二〇一八年，台積電因安裝人員一個小疏忽，竟然造成台積電全臺產線大當機，營收損失高達五十二億元，創下台灣有史以來損失金額最高的資安事件。

・SEMI E187：於二〇二二年一月正式於 SEMI 官網公告，該標準制定四大要點包括：作業系統規範（如：作業系統長期支援）、網路安全（如：網路傳輸安全、網路組態管理）、端點防護安全（如：弱點掃描、惡意程式掃描、端點防禦機制、存取控制）、持續性監控（如：Log 紀錄）。

・隱形冠軍企業（Hidden Champions）：是指具有全球性或區域性市場領袖地位的中小型企業。此類企業的產品不易被察覺且行事風格低調、社會知名度低，是各自細分領域全球範圍內最優秀的企業。

郭耀煌

政策如何跟上科技？培育本土產業實力與規模

資安就好像防範偷竊一樣，並非現在找到一個解決方案就永遠完美，因為小偷技倆也會進化，我們必須要有心理準備，資安是不斷演化、長期對抗的過程。所以，全民要有資安意識和素養，其次，我們過去常常認為資安就是資訊部門的事情，或者現在設立一個專責的資安部門就是他們的事情，與其他部門無關，這樣的想法就會有危險，落實全民跟全機構資安是確保資安的最基本運作原則。再則，如果台灣有實力夠強的資安產業，對提高台灣的資安實力，不管是從國家資安、企業資安都是有幫助的。問題是台灣本土資安產業的規模仍然很小，成長不夠快。

我當政委的時候主張發展台灣的資安產業要著力於三個方向。第一個要自主化，因為涉及國家安全，有些技術跟解決方案最好要自己擁有，台灣公私部門現在還是比較傾向購買國際大廠的資安產品，因為都買大廠產品了，若還是保護不了，出了事，大家比較沒責任。第二個要規模化，因為你不規模化，資源不足，待遇沒有吸引力，怎麼吸引人才？麻煩的是相關主管部門預估台灣資安產值未來的成長率，還低於國際的平均成長率。以台灣的狀況，產業要規模化，就必須國際化，台灣的資安新創雖有活力，但產業國際化還不夠，數位發展部要擔起責任，好好思考怎麼加速資安產業自主化、規模化、國際化。呂署長提到 SEMI 通過 TSMC 領頭的半導體資安標準，為什麼它可以成為國際標準？是因為我們的半導體產業實力國際超強，所以國際組織買單。其他方面，我們必須再加大力道去融入國際的主流。

追究企業責任 法律制定是必要手段

另外，個資保護除了受資安防護是否妥善之影響外，還有其它更需要重視的事項，大家有發現嗎？在座各位申請 Google、FB 帳號時，有仔細看過那一堆條款，然後才同意嗎？我想可能不多人這樣做，但那些條款是否可以讓用戶合理維護自身的資料自主權？另外，大家有很多個資留存在平台，平臺是否善盡個資保護的責任？政府也擁有很多國民個資或企業營業資料，我們是不是完全相信政府部門不會濫用？民主國家不能單靠人治，更需要法治。我個人認為完備的法制及多方利害關係人監督機制對公私部門都是必要的，台灣才能夠有一個完善的資料治理體制。

主題二：數位治理 媒體權利與法律制定

林照真

也談全球快速發展的數位生態。面對擁有財富、勢力雄厚的跨國平臺，如果政府不出面，民間社會沒有辦法。媒體所要爭取的，是在 Google 跟 Facebook 設計、制定廣告買賣系統，只能遵循他們遊戲規則的情況下，去要求平台使用新聞內容要付費；遺憾地說，媒體在這個系統裡，是處於最下游的角色。

新聞議價 跨國企業與各國政府攻防

看看澳洲的例子，它必須由政府立法強制要求議價，Google 跟 Facebook 才屈服。我們也看到法國必須制定《著作鄰接權》法律，然後再輔助《競爭法》，類似國內《公平法》，Google、Facebook 都還會抗拒，更何況台灣目前沒有可直接適用的法律。台灣在這個問題上，是不可能採取法律的共治。我們要問的是，台灣的公民社會比法國、澳洲的公民社會更強嗎？我是對台灣的公民社會有信心，可是才解嚴多少年，公民的權益該如何爭取？在這件事情上，Google 可以聘請國內最強的國際律師公司來為他們打官司，本地大小媒體有這財力嗎？Facebook 在台灣，連落地都沒有，我們該怎麼跟他談？再強的民間社會都沒有辦法，這一定要政府出面，且無法避免要法律成本。

避免科技霸凌媒體 維護民主生存

科技霸凌的問題，其實並不算是數位發展部的業務，現有的跨國網路媒體以科技霸凌，是在廣告交易過程中，有關市場透明、公平競爭的問題，這是公平會應要管理的。查訪中可以瞭解到，今天媒體與平台間的總總不同問題，涉及到的主管機關其實是非常分歧的。這是台灣，也是很多國家要面對的共同問題。如果我們有高度的社會共識、有足夠的輿論願意形成壓力，我有信心，可以儘快地去抵制外強的壟斷，維護新聞與民主的生存。

我會講這些，不是因為我在新聞所教書，希望我們的學生將來好的就業機會才這樣說，我也不是因為我是《中國時報》出來的，所以我要為某一家媒體公司講話。都不是的，只因為媒體在民主社會，真的很重要。

呂正華

議價問題 各部會意見整合中

其實從澳洲的媒體議價法後，就有很多不同的意見在國內進行各項討論；近日數位部成立，這個議題，有經過行政院不斷協調，因為類似這樣的課題還是得由行政院處理，其中，產業的意見是由產業署這邊去做洽談。為什麼會這樣分工？因為十幾年前我還在當組長時，在工業局累積了一些經驗，包括 Google 在台灣設 Data Center，國內簡立峰總經理在業界創新、培育人才等等，所以目前數位部賦予我與產業署協助瞭解的任務，由產業署把各界意見整合出來討論。

因為媒體有很多種樣態，所以還是應每個單位一起來討論，未來將有個平臺去當產業之間的橋樑；選擇可能也是好幾種樣態，有的要到智慧局底下的著作權去做修正，又或是其他模式，有數種選項在討論、考量。對政府來講就是讓各界相互溝通，討論出較適當的方案，評估、協調後才會往下走，這是目前大概的進度。那因為我代表的是產業署，所以產業的意見上，是要推動各行各業數位轉型，我們會去努力；而媒體業本身，則由文化部來主管，未來會再進一步做意見整合。

架起溝通橋樑 合作共管為理想目標

最後談到法律的面向，現在主流的意見，是比較希望政府跟民間的共管；若從產業署角度來講，我們比較講究的是協作。那什麼叫做協作？比如說在遊戲業產業環境面，我們希望他們發展更健康、健全一點，這是需要有自律也需要他律的。所以我們就在臺北市電腦公會底下，去推動遊戲振興會，由產業先做好自律之後，在有更健康的環境之下，然後我們再去做推動產業，這個也是共管外，一個好的協作方法。

陳譽文

建立社會信任刻不容緩

今天談的很多問題，最根本的一件事情是社會信任的問題，其實信任本身是社會資本裡很重要的關鍵。這一連串科技演進的過程，因為科技發展快速，導致目前社會彼此間信任有點被瓦解；大家有一種恐懼感，就是說我不知道要相信誰。以前比較早的年代，我們可能相信親戚、家人、鄰居，然隨著社會樣態演變，生活圈不斷擴大，人與人、人與社會的信任感，也日益薄弱。民主社會使我們相信制度，擁有基本的法律，包括社會規範、道德倫理等，但如今發現，我們是不是又走向一個比較混亂的現狀。

基於上述，我想要跟大家談的概念是，法律在社會演進、科技發展的過程裡面，其實是一種社會資本建立，是一種工具，但不是唯一的工具，可能只是其中之一。社會信任建築的過程裡，如果單靠法律其實是比較危險的，它當然絕對不可或缺，但如果只靠它可能無法有效維持社會運作。

近年來數位的發展快速，像我們資策會科法所，在法律制定的過程，或作為政府的智庫，我們花很多時間跟產業、跟學校老師做大量討論；近期在國際組織裡，也會談到，法律制定過程因為成本很高，所以不一定是馬上制定法律，重點是政府跟民間或跟產業，要如何達成共識。

管制與人權兩難 取得共識是首要目標

法律的問題在於，現在技術進展很快，如果政府統統把標準都寫到法律裡面，恐怕又跟不上變化速度，這是制度面要建立的難處。但，如果通通都丟給產業自律，恐怕又會難以收拾，尤其面對像大型數位平台，有可能會出現我們難以接受的現況。現在各國對於這種狀況，都會討論比較中間的方式，就是共管的方式，也就是產業自律跟政府法律之間，一個比較中庸的做法，某個程度上，是政府做最低程度的要求。

國外相關研究，也都開始討論共管的可能；大家一致認為，未來數位治理，需要完全都交給政府強制管理，尤其剛剛講到線上 content 的問題，如果強勢的去管理，很容易踩到言論自由的線，那是我們民主社會裡很重視的原則。怎麼樣不踩踏言論自由，並維持社會信任、建立跟原則，是各國現今都有的難題，目前為止也沒有答案。

那至於法律可以做些什麼？法律還是可做制度的建立，它可以把機制固定化，或是做產業的促進，它還是有自己工具上的效果。就整體而言，未來的法律上，大概會很難看到只有政府單一的做決定，一定會是儘量跟公民社會、產業之間，相互溝通合作，看能不能建立一些基本，只能說先說規則，還不一定要進到法律的層級。政府與人民一起協力，才有可能把新的數位社會較好的法律規則的制定、建立。

主題三：數位時代 適應虛實整合

詹文男

科技 4.0 時代來臨 台灣準備好了嗎？

數位科技已經進展到 4.0，什麼叫 4.0？1.0 就是在大企業、軍方擁有一部電腦，那樣子的時代是 1.0，2.0 是進入 PC 時代，每個個人在家裡面有一部電腦，3.0 是手機之類的移動裝置，可以自由隨身。4.0 則可以看成無所不在的數位科技，它提升了我們很大的生產力，形成了很多的創新服務，但也造成了非常多新的倫理風險。在這個情況之下，未來有哪些關鍵議題要探討，是我們今天非常重要的主題，包括資訊中立、數位近用、數位技能落差，還有性別平權、跨領域連結跟人才培育，如何去中心化、發展數位國土與確保資訊安全，及人工智慧倫理等等議題，都非常需要我們去關心。

資訊素養從小培養 因應 cycle life

有天我看到一則有關法國教育部的新聞，標題寫著：「不要讓手機毀了下一代」，因為法國教育部曾經做過一個長時間的調查，發現孩子如果長期沉溺於手機的話，十年後考上好大學的機率非常低。但科技對教育與學習，帶來的影響都是不好的嗎？也不見得。以前我們說我們過的是線性人生，而現在則是一個 cycle life。

線性人生就是小學念完念國中、高中念完念大學、大學到大公司去工作，從小職員、科長、經理然後結婚生小孩，然後工作、退休、死亡，這叫線性人生，過去大部分人的人生大概就這樣子。那什麼叫 cycle life？小學念完念國高中、高中念完大學、大學念完休學，休學去工作、工作之後念 EMBA、結婚，結婚之後離婚、離婚之後又再去遊學；也就是說現在一個四十歲的人，你很難預測他在人生的哪個階段，這叫做 cycle life，也就是說當你六、七十歲時，可能還在學習。你會發現透過科技，任何人、在任何時、地想要學習任何的 knowledge，都可以做到，這也是科技帶給教育與學習上，重大的歷程與影響。

辨識數位科技正負衝擊

資訊教育跟資訊素養，都需要從小訓練、培養，國民才能夠有能力擷取數位科技對我們產生正向的部分，也比較能夠避開負面的影響，例如分辨假新聞，不易被詐騙及竊取隱私資料等；希望所有專家學者都能夠針對未來可能產生的這些課題，好好的思考研究，提出對策。資策會產業情報研究所（MIC）出了一本書，書名《數位科技應用 4.0 —面對與科技共生的未來社會，我們準備好了嗎？》，內容就是希望呈現數位科技為社會帶來的正負面影響，以及我們應該如何面對？若民眾的資訊數位素養能夠提昇，才能夠充分發揮數位科技帶來的生產力，降低可能的倫理風險，與數位科技共生！

郭耀煌

連接實體世界 進一步發展 SDGs 第十八個目標

一個數位國家的典範應該有什麼？它應該要能運用數位科技強化國家韌性和政府的智慧治理。還有，我們的網路社會是不是能夠相互包容？數位經濟發展的紅利是不是全民可以分享？最後，台灣也必須要是全球可以信任的夥伴，台灣能不能在數位時代，透過數位優勢去進一步深化全球夥伴關係。我們期待數位發展部的成立，可以加速台灣成為民主安康永續的數位國家。

有人倡議說：數位那麼重要，SDGs 原先有十七個永續目標，應該進一步把數位科技列為第十八個永續發展目標。我個人的想法是，原先十七個目標可能比較關注實體世界的問題，但數位發展現在跟這十七個目標已經緊密互動，並不能獨立去看待。譬如，第八個指標是就業跟經濟成長，現在數位發展浪潮已大幅改變人類的經濟活動和產業結構，就業機會、就業型態也隨之改變。所以談數位永續，不能只獨立的看數位發展怎麼變化，而是要注意到數位發展跟原有的十七項永續發展目標，彼此之間的正面跟負面的互動，然後來達到永續，在實體世界永續，也在虛擬世界上永續，這也是實踐 SDGs 的一個必要解方。

科技政策扎根不夠深 智慧台灣數位轉型往世界邁進

數位發展一定是長期的演化歷程，而且它不是線性的，也不是只受科技因素影響，有時候非科技因素的影響更大也更深遠，所以我們怎麼樣有智慧的去適應與調和，是很重要。要談數位轉型、數位發展，不會今年、明年談完就沒有，我們必須要有活力，才能夠持續向前，往世界趨勢邁進。

另外，我覺得台灣的產業發展不只要重視產值，也要重視價值。比如說，我談到智慧生活、福祉經濟，是希望從提升國民生活品質來帶動商機。換句話說，提升數位經濟和國民生活品質是同步實現、相輔相成的。台灣數位經濟的未來發展，要著眼於保障台灣及國民之安全永續，也要貢獻於地球環境、人類社會及經濟的永續。以我個人的專業經驗和長期參與，台灣的 IT 設計製造居於全世界領先地位，但台灣的科技政策有點像浮萍，風吹到哪裡，跟著飄到哪裡，根扎的不夠深。所以，台灣偏向扮演新興科技熱潮快速追隨者的角色，而非先驅者、領導者角色。但是，平台經濟與資料經濟已朝向先驅者獨佔發展，台灣的數位轉型，必須深刻體認到此挑戰。

· SDGs 永續發展目標：二〇一五年，聯合國宣布了「二〇三〇永續發展目標」（Sustainable Development Goals, SDGs），包含消除貧窮、減緩氣候變遷、促進性別平權等十七項 SDGs 目標，指引全球共同努力、邁向永續。

結語

史欽泰（前工研院院長、余紀忠文教基金會董事）

串聯正向力量 引領下一世代

談資訊數位的科技，台灣是這兩年疫情、國際局勢變化下的受益者，因為現在幾乎所有產業，都需要仰賴資訊設備，半導體也是，可以說國內大家默默耕耘四、五十年，現在突然一躍成為全球的焦點。現在有很多新的名詞不斷出現，比如「元宇宙」到底是什麼概念？很難想像，虛擬不真實的世界，要相互串接，但這顯示出，未來趨勢就是所有人要靠著數位科技、半導體，領航下一個世代。

感謝這場討論的學者分享，也解除了我一些疑惑，過去在電信局和電話公司的時候，常常被人家罵，說那個詐騙電話都也是經過你們電話打的，為什麼電信局都沒有發揮功能把擋掉。所以除了相關單位的監管，法律制定也是非常重要，要怎麼樣避免民眾質疑，加強溝通與理解，建立互信機制，在過程當中，顯然還有進步的空間。

最後，我觀察目前社會氛圍，很享受過去兩年台灣科技產業那些好的成長，卻忽略去面對問題，這是很奇怪的，我們如果沒有正向的，去整體向上發展的力量，那就算現在有好的半導體產業在領頭，也只是短暫的成果，要如何期待未來能長遠並成熟的一天？大家還是要繼續努力了。

（本篇由二〇二三年十月二十五號「再談數位時代發展、策略、挑戰」研討會集結而成。）

策畫、整理：黃鈺安

第二章　科技發展下的國際智財權趨勢與實務整合

前言

目前智慧財產的營運發展越來越多元，在全球營運的方式也越來越多樣化，每個專利申請都是向世界提供分享創新的機會，當一家公司、一個個人有的專利數量越多，就表示他們向公眾提供的分享機會就越多，台灣要如何掌握先機，需要政府與企業共同思考並把握。

本場會議也聚焦延續鴻海前法務大將、台灣專利專家，周延鵬律師的精神，他相信專利不是用來對付別人的法律工具，而是要以某種形式作為分享工具、商業工具；專利存在的目的是促進商業發展、創造創新和分享創新，這是他堅定的信念，這些想法也將隨著今年一月立法院三讀通過「智慧財產案件審理法」，持續帶領台灣走向務實、前瞻的道路。

引言

劉江彬
（磐安智慧財產教育基金會董事長）

“介紹各國的專利制度最新發展與變革、全球專利訴訟與仲裁趨勢；就分析元宇宙、AI 科技與 5G 應用等新興產業與智慧財產碰撞與融合之法，提供與會者完整吸收國際智財最新趨勢。”

久違的智財權國際研討會，今年以「國際智慧財產最新趨勢及因應」為主題，於二月二十四日盛大舉行，本場研討會磐安與世博共同主辦，邀請德國聯邦法院、美國、日本及台灣多位頂尖專家和學者，解析國際最新智慧財產相關議題。

分別介紹歐盟、德、美、日的專利制度最新發展與變革、全球專利訴訟與仲裁趨勢。並就分析元宇宙、AI 科技與 5G 應用等新興產業與智慧財產碰撞與融合之法，提供與會者完整吸收國際智財最新趨勢。

主題一：歐美專利現況與全球化機會

主持：徐小波

（宇智顧問股份有限公司董事長）

兩位外國專家，德國聯邦最高法院（Bundesgerichtshof（BGH）der Bundesrepublik Deutschland）的庭長巴赫（Klaus Bacher），與美國聯邦巡迴上訴法院（United States Court of Appeals for the Federal Circuit）前首席法官瑞德（Randall R. Rader），將分別針對歐美專利法遇到的現況，進行討論。

巴赫法官自一九九五年起擔任曼海姆（Mannheim）地方法院智慧產權法特別庭的法官，並在二〇〇九年被任命為聯邦法院法官主要審理專利、反托拉斯（Antitrust）與能源相關案件，同時也在德國法各領域皆有涉略與研究，包含德國專利法、民事訴訟法、不正當競爭法和反限制競爭法等論著。

第二位講者，瑞德（Randall R. Rader）法官則一直在智慧財產權領域深耕，作為聯邦巡迴上訴法院首席法官，其所撰寫之判決與出版之專業論著實屬全球智慧財產保護的成長明燈，帶領著全球智慧財產的進步。曾來台現身分享立法沿革，當年司法院翁岳生院長成立專責智慧財產法院（現為智慧財產及商業法院），亦曾邀請瑞德法官到台灣，把美國智慧財產法院的成立歷史與運作機制詳細介紹、分享。

歐洲單一專利法院的發展

巴赫法官

（Klaus Bacher，德國聯邦最高法院第十民事庭，即專利庭庭長）

“我認為由於沒有人能確定 UPC 的發展與具體的執行效率會如何，因此具有極高價值的專利可能會先行觀察未來 UPC 的發展，再依據自己的專利佈局選擇是否進入 UPC，而短時間內先使用國家法院進行訴訟攻防。”

歐盟單一專利法院協議（Unified Patent Court Agreement）介紹

歐洲過去的法律制度，與智慧財產相關的訴訟程序複雜，無疑增加專利權人尋求救濟的困擾。歐洲針對此議題不斷推動其發展，因此 UPC 協議應運而生，透過 UPC 協議簡化過去複雜的程序，讓專利權人可以透過歐盟單一專利法院（Unified Patent Court, UPC）在所有會員國內，產生單一的效力。

截至演講前，UPC 協議中的成員國，包含十六個已批准並完成生效程序的國家，分別是奧地利、比利時、保加利亞、丹麥、愛沙尼亞、芬蘭、法國、義大利、拉脫維亞、立陶宛、盧森堡、馬爾他、荷蘭、葡萄牙、斯洛維尼亞與瑞典，以及擔任守門人（Gate keeper）的德國也於今（二〇二三）年二月十七日正式批准，共計十七個國家，再加上七個簽署國：塞普勒斯、捷克共和國、希臘、匈牙利、愛爾蘭、羅馬尼亞、斯洛伐克。另外，克羅埃西亞、波蘭、西班牙並未加入該協議中；英國則是被撤回其批准。

UPC 協議在二〇二一年奧地利批准歐盟單一專利法院協議臨時申請案（PAP-Protocol），成為第十三個參與 UPC 協議臨時適用的成員國，使得 UPC 得以啟動試行階段（進入 PAP 期間），而直至今（二〇二三）年二月十七日德國正式提交批准書，從而啟動協議第八十九條第一款的倒數計時時間，正式宣告 UPC 協議將會在二〇二三年六月一日生效。

UPC 施行方式 對三類案件具有管轄權

（一）待 UPC 協議生效後申請並通過之具單一效力的歐洲專利（區域性加強合作之歐盟專利保護規則 Regulation（EU）No 1257/2012）；

（二）傳統歐洲專利案件（Bundle Patents 包裹專利）；

（三）歐盟單一專利及歐盟藥品補充保護證書

歐洲專利之權利人在七年的過渡期（五年後將再審查過渡期延長的可能性）內可以選擇國內法院或者歐洲統一專利法院管轄相關案件，在過渡期間專利權人可以選擇退出（opt-out），並也有再次選擇加入（opt-in）的可能性。

觀察 UPC 的運作發展與執行效益

在 UPC 開始運作後，欲提起專利訴訟之人在歐洲將有多樣的選擇，若以事件性質區分，其關係到各法院的特質，例如若欲一次決定在多個國家的侵權行為與有效性應首選 UPC；若在單一國家保護即足以，則選擇該國國家法院即可；再如欲快速判定是否侵權或欲選擇擁有專門處理智慧財產案件的法庭則可選擇德國法院，如杜塞道夫（Düsseldorf）法院、慕尼黑第一法院（Munich I）、曼海姆（Mannheim）法院與漢堡（Hamburg）法院等。而 UPC 的尚有英語訴訟的優點，使得原告得以減少訴訟程序中的翻譯成本。

從法院角度來看，可能收到以性質區分之專利訴訟。UPC 審理之案件所可能產生之效果包含專利權人得在多個國家強制執行、但負擔訴訟的成本較高。另一方面，選擇各國法院的案件效果則可能包含專利權人認為其專利在單一國家強制執行足矣，負擔訴訟費用相對較低。特別的是在各國法院所處理之專利可能是具有極高價值的「皇冠上的明珠」（the patent is a crown jewel）。

我認為由於沒有人能確定 UPC 的發展與具體的執行效率會如何，因此具有極高價值的專利可能會先行觀察未來 UPC 的發展，再依據自己的專利佈局選擇是否進入 UPC，而短時間內先使用國家法院進行訴訟攻防。

最後，利用兩個問題作總結，其一為 UPC 是否會成功，答案是「會」，我認為成功重要的因素是 UPC 有許多受訓練和優秀的法官，具有高度專業的審判經歷，而因各國法院管轄權使專利權人在多國有訴訟上的困擾，UPC 將會提供一個很好的解決方式，儘管一定會有很多挑戰、也可能會有小失誤，但相信所有參與的法官都願意建立單一專利法院制度，會盡快達到最佳效果。第二個問題是國家法院是否仍會裁決專利案件，對此我相信有很多專利權人可能更偏好當地系統，未來或許有一天歐盟專利會全部到單一法院進行審理。

但現階段仍然會有很多案件選擇國家法院，像是訴訟成本較低的專利案件，或者擁有極具價值專利的公司，在短期內可能就會選擇觀望情況，因此短時間內國家法院仍會繼續審理專利案件。

全球法院的專利訴訟狀況和仲裁趨勢

瑞德法官

（Randall Ray Rader，美國聯邦巡迴上訴法院退休首席法官）

“在全球化的時代，智慧財產案件勢必走向國際，才能使權利人擁有足夠的抵禦能力，以美國為例，選擇在美國提起訴訟之人之考量可能來自於高額的賠償金，對於專利價值如何計算。”

成功的關鍵密碼 從專利數字看起

我曾與華為之間有段對話：「如果公司經常被告，就是使用了很多先進科技。而法律也會在過程中，告訴你該如何在全球範圍內保護自身權利」從實際數字來看，二〇一三年的蘋果（Apple Inc.）被起訴達五十九次、亞馬遜（Amazon.com, Inc.）五十件、全美最大的電信服務供應商AT&T四十件、谷歌（Google）也有三十九件，因此可以說成功的關鍵之一就是成為被告。

聚焦在全球的專利訴訟狀況，可觀察到美國的專利訴訟案件近年有下降趨勢，自我任職法官時的四千件，到近幾年皆在三千件上下，而在二〇一一年九月通過美國發明法案（Leahy-Smith America Invents Act，簡稱AIA）後，二〇一二年湧入大量的AIA案件，成為近十五年最多專利訴訟的一年。

觀察德國專利訴訟案件，佔據歐洲超過六〇%的智慧財產案件，由杜塞道夫法院、慕尼黑第一法院、曼海姆法院與漢堡法院為審理案件之主要法院，不同於專利權人因為高昂的賠償金選擇美國法院進行訴訟，選擇德國法院的原因大致分成兩個，分別是「時間」的優勢與「勝訴」的優勢，據二〇〇六年至二〇一六年統計資料顯示德國法院平均審理時間約十六個月，而原告的勝訴率為六四%，使得德國法院成為專利訴訟的首選。

再觀中國，其擁有比全世界其他國家加總還更多的案件，然在中國審理的數量卻微乎極微。而二〇二一年在地方法院審理的各類智慧財產案件皆較前一年（二〇二〇）有一〇%至七〇%的增長，僅就專利案件就受理近三萬兩千件，較二〇二〇年增長了一〇．九八％，中國在一年內的授證案件有四千件以上，幾乎與美國進入法院的專利案件相同，且有繼續增加的趨勢，案件數量成長源自中國對專利禁令的數量大增。

高額訴訟成本下 全球專利趨勢

在全球化的時代，智慧財產案件勢必走向國際，才能使權利人擁有足夠的抵禦能力，以美國為例，選擇在美國提起訴訟之人之考量可能來自於高額的賠償金，對於專利價值如何計算，最常適用 Georgia-Pacific 案中的因素進行合理權利金（Reasonable loyalty）計算，從授權、市場及技術等角度進行綜合評估，最終得出專利價值。

細究影響賠償金的容因素主要有三部分，分別是：

1. 現金基礎價值（Cash-Based Valuation）指的是商品或專利自身的現值。
2. 成本基礎價值（Cost-Based Valuation）是將標的與同性質之他方相比可節省之成本或時間，而得被量化的效率也屬於衡量範圍，舉例而言，若新藥的開發能夠使得患者減少三日的住院時間，則該三日的住院成本即是該專利可節省的成本。
3. 市場基礎價值（Market-Based valuation）基本上為市場決定的價值，包含商品或是方法被市場所接受與所利用其衍生的價值。

然縱使依賠償金額觀之，在美國提出專利訴訟對於專利權人具有莫大優勢，在排除訴訟時間的問題之下，仍有一個巨大的阻礙擺在專利權人面前使之不得其門而入，即訴訟成本，高昂的訴訟費用常是專利權人望之卻步的主要原因。

因此，我提出「仲裁」的想法，仲裁是在迅速變動的時代更具效率的方法，仲裁的優勢包含機密保護、法源的可選性、法官的可選性與成本之可控性，在法官的選擇上即可選擇一個針對該標的或產業方面相對有經驗的法官，而且仲裁最大優勢是「可溝通性」，往往公司或專利權人更需要的是控制成本又具效率的結果而非一個冗長程序下的答案，且得以在一個城市同時完成來自不同地區、國家的案件，大大減少資源的消耗。

最後台灣是一個具有高度潛力的地方，適合發展國際仲裁環境，期許仲裁這棵大樹的種子能在台灣深耕發芽。

主題二：國際智慧財產最新發展趨勢

主持：劉江彬
（磐安智慧財產教育基金會董事長）

本主題將由以下幾位分別分享，布萊梅大學（Bremen University）智慧財產權法榮譽教授葛漢斯（Heinz Goddar）教授與漢堡博銳思法學院（Bucerius Law School, BLS）穆勒（Melanie Müller）講師、喬治華盛頓大學（George Washington University）智慧財產與技術法中心前主任暨榮譽教授愛德門（Martin J. Adelman）、Winston & Strawn 國際律師事務所合夥人賈維斯（Thomas Lewis Jarvis）律師，並由東京大學尖端科學技術研究中心（RCAST）智慧財產法教授玉井克哉（Katsuya Tamai）演說「日本境外專利侵權、經濟安全與專利法」。

葛漢斯教授作為智慧財產榮譽教授，在布萊梅大學和慕尼黑知識產權法中心（MIPLC）以及多個外國大學教授專利法，在漢堡法學院（BLS）擔任工業產權講師，同時也是德國 Boehmert & Boehmert 專利事務所合夥人。Melanie Müller 則是德國 Boehmert & Boehmert 專利事務所執業律師，同時也是漢堡法學院（BLS）的工業產權講師，其專業囊括商標、不正當競爭法等領域；在其大力協助下，讓台灣於二〇〇六年順利成立國際技術授權主管總會中華分會（Licensing Executives Society [LES] Chinese Taipei）。

愛德門教授是 Theodore and James Pedas 家族智慧財產和科技法名譽教授，同時也是喬治華盛頓大學法學院智慧財產共同主任與 The Dean Dinwoodey Center 智慧財產研究中心共同主任；專攻智慧財產和反托拉斯法，並且作為專利法和實務方面的專家，他在大約一九〇起專利侵權或專利反壟斷案件中透過證詞或出庭作證。

賈維斯律師是國際律師事務所 Winston & Strawn LLP 的合夥人之一，其主要業務為美國國際貿易委員會（International Trade Commission，以下簡稱 ITC）337 之專利訴訟，在三十多年的執業生涯裡，擔任首席律師出庭處理超過六十件 ITC 337 專利訴訟案件，更因此入選首屆法律五百強名人堂（The Legal 500 Hall of Fame）。

玉井克哉教授在日本 RCAST、信州大學（Shinshu University）、政策研究院（GRIPS）皆有任教，同時也是 Rader Group PLLC 的法律顧問，其在國際上廣泛發表演講，讓國際看見日本，也讓日本智慧財產保護不斷與時俱進。

德國專利法修正

葛漢斯

（Heinz Goddar，布萊梅大學〔Bremen University〕智慧財產權法榮譽教授）

”然在強大的背景構建出的專利法院仍有為人所詬病之處，例如二元審理制度所帶來的時間差導致的專利蟑螂的濫用，所謂二元審理制度係指德國將專利訴訟分為「專利有效性」與「專利侵權」。“

穆勒

（Melanie Müller，漢堡博銳思法學院〔Bucerius Law School〕，BLS 講師）

德國專利法現況與修正

眾所皆知德國專利法院一直是歐洲專利權人選擇進行侵權訴訟的主要法院，究其原因包含強大的市場地位、擁有龐大經驗的法官、具效率的程序時間、二元審理制度以及自動核發禁制令（quasi automatic injunctive reliefs）的聲請有利於專利權人等。

然在強大的背景構建出的專利法院仍有為人所詬病之處，例如二元審理制度所帶來的時間差導致的專利蟑螂的濫用，所謂二元審理制度係指德國將專利訴訟分為「專利有效性」與「專利侵權」，前者由聯邦法院管轄，後者則由地方法院審理，因此當地方法院判定被告侵害專利權人且核發禁制令時，被告無法於同一訴訟程序抗辯專利無效，而需進到聯邦法院另起程序，然專利有效性之審理時間遠長於專利侵權，因此使得專利蟑螂有機可乘。

因此德國立法者提出了一種解決方案，即「簡化和現代化專利法的第二次修正案（2. PatMoG）」，該修正案主要內包含將專利有效性與專利侵權同步（改善時間差）以及將比例原則納入德國專利法（German Patent Act, GPA）第一三九節第一項中，在立法過程中，GPA 第一三九節的法條文字經過多次修改，最終於二〇二一年六月十日聯邦議院通過草案，修正部分包含第八一節 f.、第八三節以及第一三九節。

現行 GPA 第一三九節第一項第一款及第二款係「任何人違反第九至十三節的規定使用專利發明，如果有再次侵權的風險，可由被侵權人提出要求以獲得禁制令。如果是第一次侵權的情形下，也可以主張該此項權利。」同節同項第三款即本次修正之重點，係為「由於個別案件的特殊情況和誠信原則，如果此要求（請求禁制令的要求）將會因專有權（排他性權利）給侵權人或第三方帶來不符合比例的影響，則該要求將不予考慮。」

條文中雖新增了針對核發禁制令的比例原則審查，但並未明確給出應衡量之要件，講者認為其原因是希望能更貼近個案審查，如何決定不符合比例原則的要件，需依個案審查而沒有完全統一的標準，由於每一個案件都擁有各自的特色，因此不符合比例原則的要件，必須仰賴法院在專利所有人／專屬授權人與侵權人、第三方之間去衡量。

分析專利人與親權端 不同之處與應變方式

在專利權人端，立法者特別提到需分析專利權人在禁制令中的利益衝突情形，透過分析專利權人是否真的有生產使用該專利權的產品，或者他是個不實施專利實體（NPE），又或者他只是個專利蟑螂。意即專利權人可能在沒有生產該專利權的產品的前提下，已經向潛在的專利侵權人收取權利金；又該專利權人並沒有對任何其擁有的專利進行研究開發（R&D）的活動，僅等待使用該專利的製造商投入巨額投資後，再利用禁制令主張對方侵權以獲取其根本從未有的潛在專利商業利益作為衡量內容。

侵權人端包含任何被指控侵權的產品製造商及其在供應鏈中的客戶（經銷商或運輸商）皆屬

於該款中得提出不符比例原則異議之人，其得做為判斷之要素類似於 FRAND 條款中對標準必要專利（Standard Essential Patent, SEP）之合理授權條件的特殊異議要件，包含有作出避免侵權的合理預防措施、努力與專利權人達成授權合約、有尋找替代解決方案或其他訴前行為、產品複雜性、異常高額或緊急的損害與關於專利有效性的負面預測等。

值得一提的是，在已具有 FRAND 條款異議可用的情形下，為何德國仍需要此一異議的問世，原因是可能侵權人並不具備適用 FRAND 條款的壟斷市場地位，故仍需要能普遍使用的不符比例原則之異議。

針對此次修法，以兩個案列做舉例結尾，分別是 IP Bridge/Ford：Regional Court Munich - 7 O 9572/21 與 Sofosbuvir：Regional Court Düsseldorf – 4c O 18/21，由此得出關於 GPA 第一三九節第一項的未來，即從法條、概念和判例法皆表明無需過於擔心德國「自動核發禁制令」禁制令救濟的變化，德國法院對專利所有者在侵權訴訟方面仍然具有吸引力，且即使歐盟單一專利法院（Unified Patent Court, UPC）開始生效也不太可能改變這種情況。

美國專利最新發展

愛德門

（Martin J. Adelman，喬治華盛頓大學〔George Washington University〕智慧產權榮譽教授）

”基於這個發展條件下，美國漸漸走向和其他大陸法系國家一樣的審判制度，且這是對於陪審團制度的剝奪。“

美國專利法現況與修正

美國法院擁有陪審團參與審理案件的制度，其源自於美國憲法第七修正條文，即「在普通法的訴訟中，其爭執所涉及價值超過二十元者，則當事人有權要求陪審團審判；任何業經陪審團審判之事實，除依照普通法之規定外，不得在美國任何法院中重審。」故在涉及損害的案件中，皆可能要求讓陪審團參與審判。然智慧財產相關案件則不然，有時侵權行為可能尚未發生，或者尚未確認侵權，在損害尚未發生之下，便有不須適用第七修正條文而不須陪審團的餘地。

又，美國專利案件在美國發明法案（America Invents Act, AIA）後，採用先申請（First-to-file）制度，也因此創設多方複審程序（Inter Partes Review, IPR），在此程序下，專利案件不會透過陪審團，而是由三位具有相關專業的法官進行審理。在智慧財產制度的框架下案件透過專業法官進行審判，並非由不具相關專業的陪審團進行，就無需將複雜的專業知識包含專利內容解釋給陪審團知悉，避免發生洩漏營業秘密之情事。

基於這個發展條件下，美國漸漸走向和其他大陸法系國家一樣的審判制度，且這是對於陪審團制度的剝奪。當憲法修正案中明確表示陪審團參與審理是當事人權利時，為何專利相關案件多數都由三位法官單獨做成決定，是什麼促使社會普遍按照此一規律進行仍是無解之謎，縱使可能可以猜測是「無需向陪審團解釋高度專利之內容」為審理案件走向的原因，但仍有違反憲法之疑慮。

以案例判決 看聯邦最高法院態度

在 Oil States Energy Services v. Greene's Energy Group 案中即針對專利是公共權利（public rights）還是私人權利（private rights）做出美國聯邦最高法院的看法，該案涉及美國專利商標局的 IPR 程序此一制度是否違反憲法第三條及憲法第七修正條文。原告認為專利是一個私人權利，應有憲法第七修正條文的適用，而由陪審團參與審判，在聯邦巡迴上訴法院（United States Court of Appeals for the Federal Circuit, CAFC）作出該案為違憲之判決後，該公司提交移審申請，二〇一七年美國聯邦最高法院受理移審申請，並於二〇一八年四月作出判決，結果為「維持下級法院判決」。在這個案件中，聯邦最高法院維持了之前既往的想法，認為授予專利屬於公共權所以無使用陪審團之餘地，但這類概念似乎有與憲法第七修正案之意旨相悖之疑。

此一判決顯示了聯邦最高法院對於專利性質的態度，準確來說，應指授予專利的性質，由於智慧財產普遍被認為並非天賦人權，「是否授予」專利的性質將全權決定的專利的定位，即如同由 Clarence Thomas 大法官主筆之判決書中所說，專利屬於公共特許權經營權（public franchises），且授予專利可以直接由行政或立法部門執行，而無需由司法干預，而其所參與之授予者亦不須是憲法第三條所指之法官，其權利係來自於憲法第一條所賦予國會之立法權。然而，專利審理暨訴願委員會（Patent Trial and Appeal Board, PTAB）中審查員任命的合憲性問題便值得進一步討論者，成為聯邦最高法院在相關議題上的必須解決的另一疑問。當智慧財產與涉及憲法上的權利發生碰撞時，應如何權衡是一大課題。

美國 ITC 案例最新發展

賈維斯
（Thomas Lewis Jarvis，Winston & Strawn
國際律師事務所合夥人）

“專利訴訟因其性質，在同一時間內可能有許多不同程序同時進行，甚至會因訴訟風險考量而將同一案件拆分成多個案件進行訴訟，因此過去在庭期協調、跨國溝通上往往花費不少時間。”

ITC 337 訴訟基礎知識 近期美國 ITC 發展

在美國，專利系統由行政體系的美國專利商標局以及行政與立法體系共同創設的 ITC 組成，而在司法體系中，專利案件則會進入聯邦巡迴區上訴法院（CAFC）甚至聯邦最高法院進行審理。而 ITC 337 條規定，對進口貿易發現有侵害智慧財產權或其他形式的不公平競爭行為時，可根據申請進行調查。ITC 337 條之所以非常重要，需要從美國在全球經濟中的市場份額切入，利用經濟合作暨發展組織（OECD）二〇二一年針對全球家庭支出的統計，美國總計高達一千四萬美元以上的支出金額，遠超過第二、三名的中國與歐盟。

ITC 337之訴訟案件可能涉及參與的主體眾多，包含原告（專利權人）、被告（為進口而銷售、進口到美國、在美國境內銷售該已進口系爭商品的進口商、銷售商或承銷商等）、第三方（公共利益）、行政法官、ITC 委員、ITC 總法律顧問、美國總統、美國貿易代表辦公室、美國聯邦巡迴區上訴法院、美國聯邦最高法院等。

管轄權部分，ITC 對於所有進口到美國的商品的「製造商和分銷商」、「進口商」以及「進口後銷售商」的商品皆有管轄權，因此 ITC 的管轄範圍往往會觸及整個供應鏈，而若是被認為違反 ITC 337 條，商品可能會直接被拒於美國門外，其判斷要件為：

1. 產品侵犯了有效的美國智慧財產權，且
2. 產品是進口的，且

3.美國國內產業正在使用該智慧財產權。

救濟手段分析 眉角和實際應用

ITC 337條的救濟手段（Remedial Orders）有兩種，其一為限制性禁止進口令（Limited Exclusion Orders），係指禁止進口本案被告製造的所有侵權商品；其二為一般性禁止進口令（General Exclusion Orders）指禁止進口任何人製造的侵權商品，如果商品來源難以確定或有必要採取有效救濟措施。其中停止與禁止令（Cease & Desist Orders）則指在美國境內涉及已完成進口但被認定侵權的商品。

值得一提的是跟地方法院的禁制令不同，上述的「所有侵權商品」，地方法院僅限訴訟產品，而ITC禁令涵蓋所有的商品，且ITC對於適用條件的解釋非常寬鬆，尤其是針對智慧財產相關商品的調查，在規定中有關智慧財產的商品無需控訴方提供證明金錢上之損害賠償（Monetary Damages），以至於美國權利人得以輕易地對進口商品進行控訴。

新冠疫情中 專利訴訟的利與弊

專利訴訟因其性質，在同一時間內可能有許多不同程序同時進行，甚至會因訴訟風險考量而將同一案件拆分成多個案件進行訴訟，因此過去在庭期協調、跨國溝通上往往花費不少時間。而在新冠疫情狀況下，每年 ITC 337 訴訟案件仍持續發生，訴訟程序亦未停下腳步，然而若以疫情作為分界點，近兩年解決的訴訟案件量更超越以往。在新冠疫情時期，ITC 337 訴訟使用遠距視訊會議所節省下的成本就有交通成本約八〇％、文件收集、審查和製作成本約五〇％以及約二〇％的律師時間成本，除了數字上的緩解外，亦有許多無形優點使得律師在處理 ITC 訴訟更加便捷，包含減少出差可以改善工作／生活平衡、士氣和員工留任率、有更多的預算可以支援庭外取證、日程安排不會被外界干擾而受影響等。

但有優點亦有缺點，例如科技訴訟中技術成本、經驗豐富律師的技術培訓、召集精通技術的法官、律師、律師助理、專家和法庭記者的挑戰等，資訊安全部分亦面臨挑戰，意外的資料損壞、病毒入侵、勒索軟體、駭客入侵等都可能造成巨大危機，因此如何防範成為各大律師事務所的一大課題與成本。

日本境外專利侵權、經濟安全與專利法

玉井克哉

（Katsuya Tamai，日本東京大學知的產權研究所先端科技研究中心教授）

”對於美國而言，部分特定專利所衍生的問題被視為是國家安全層級，進而能被高度重視然相同的問題在日本並未能成為國家安全問題。“

日本制度推新無實質意義？與美國制度之比較

有關日本專利法的近況可著眼在二〇二二年（令和四年）五月中旬公布的「經濟安全保障推進法」，其中的第五章「保密專利制度」，其類似於美國的秘密專利制度（secret patent system）；然而，日本此次新推行的制度大多數時候可能淪為表面功夫，而非實際意義上的保密專利。主要原因其一為日本制度僅保障部分技術，而美國則不分領域皆有保護，再者為日本的專利制度缺乏許多作為一個專業智慧財產法院的條件，例如日本的智慧財產法院，相比美國的智慧財產法院缺乏調查的強度與強制力、對於專利及營業秘密的保護並不全面、無延長專利保護期限之制度與賠償金的差距等，皆顯示此一新制度與美國秘密專利制度的不同。

美國秘密專利制度是由國防部、能源部或是其他的政府部門來共同完成專利制度的建立及審查，此措施能最大程度的保護與國家安全、經濟或科技相關的專利，例如矽晶圓的製造或技術突破，對於美國而言，部分特定專利所衍生的問題被視為是國家安全層級，進而能被高度重視然相同的問題在日本並未能成為國家安全問題。

以罰則來看，由於美國將此類成為秘密專利之標的視為國家安全級別，若違反秘密保護之要求，如故意洩漏該發明或相關信息之情事則可能被判定為犯罪行為（35 U.S. Code §186 參照），而相同情況下，在日本洩漏專利發明或訊息並無刑事責任，僅止於民事侵權行為，極度缺乏強制力。

新制度是變革 進步空間仍大

因此，保密專利制度的推出仍然是日本專利權的一大變革，在經濟安全保障推進法中詳細的制定了保密專利制度的程序、構成要件與效果等，從該法第六五條至六七條分別為基本準則、事前申請審查與案件審查（亦即內容審查），其認定該專利標的符合保護條件為「如果向公眾公開，極有可能因外部人員的行為而對國家安全造成損害的發明」，應綜合考慮風險程度、對指定產業發展的影響等。接著在認定此專利為保密對象時，其效力分別規範在第七三至七五條，包含採取保密措施防止信息洩漏之義務、禁止公開發明內容與不得未經政府許可使用該發明。

以上為日本新推出的保密專利制度之概述，日本在專利相關的法規範仍有很多進步空間，包含專利技術範圍的限制、執法的力度、專利期限的僵化與賠償金等，期許未來能逐漸完善用以保護智慧財產。

主題三：台灣專利法修正未來挑戰與機會

台灣智審法修正之影響

許曉芬
（成功大學社會科學院學院法律系暨工學院生物醫學工程學系教授）

“立法院通過的修正草案未包含司法院提出的兩項重要變革。首先是暫未納入「專利及商標複審及爭議程序」，其次則是「法院徵詢第三人意見制度」。”

簡述智審法修正 加強營業秘密保護

我想分享一些關於台灣於二〇二三年一月十二日立法院通過智慧財產案件審理法（下稱「智審法」）之修正。自二〇〇八年頒布以來，這是智審法施行以來最重大的修正，預期對台灣的智慧財產權案件產生重要影響。

在修正後的法案中，其中一個主要變革為加強了營業秘密訴訟的保護，其中包括明確規定智慧財產及商業法院（下稱「智商法院」）對於智慧財產民事案件的第一審具有專屬管轄權，而刑事營業秘密案件亦將由第一審智商法院審理。在智審法修正前，智財法院僅擔任刑事案件第二審法院，第一審審判仍在地方法院進行。修正後，所有營業秘密案件都將由智商法院審理。

此外，另配合國家安全法的規定，侵犯國家核心關鍵技術的營業秘密刑事案件將由第二審智商法院智財法庭（相當於高院層級）審理；智審法試圖將所有案件交由熟悉智慧財產特殊性的法官處理，以貫徹專業審理。

另一個重大變化是，涉及專利權、電腦程式著作權和營業秘密的民事訴訟事件必須由律師強制代理，此項規定預計將增加審判效率，提高法律服務的質量，並引入了查證制度和專家證人制度。

此外，修正草案也試圖提高審判效率，若法院認為有必要，可以公布技術審查官所做的完整或部分報告書；當事人有機會就報告書進行辯論。這是台灣長期討論的問題，我相信修正是朝正確方向邁出的一步，因為在訴訟過程中確保程序透明和維護公正審判的權利非常重要。

另外，法院為降低被害人舉證之證明度，降低權利人（原告）的證明負擔，另課予被控侵權人有具體答辯義務。事實上，在修正之前，我國最高法院的判決已經確認了這種做法。在台灣，我們沒有美國證據開示（Discovery）制度，也沒有如歐盟國家所提供的資訊請求權，因此權利人往往很難收集證據。我希望這個變化將能使權利人更能主張自己的權利。

修法尚未妥善 應更加透明、接近公眾

然而，立法院通過的修正草案未包含司法院提出的兩項重要變革。首先是暫未納入「專利及商標複審及爭議程序」，其次則是「法院徵詢第三人意見制度」。對於前者，由於主責機關已經努力許久，且我認為是正確方向，應該等一切就緒之後就可三讀通過。但排除法庭之友之規定，使法院得廣納徵詢第三人多元專業意見，以作出更正確妥適且貼合產業與社會現況的審判，我認為這是失去一個珍貴的機會，讓智慧財產案件更加互動、透明和接近公眾，是十分可惜的。

德、美專利法改變與台灣機會

莊弘鈺
（政治大學科技管理與智慧財產研究所教授副教授）

”

過去的資通訊專利技術不少是應用在手機等行動裝置上，而專利侵權、禁制令核發的結果，最終是導致手機沒有辦法在市場上販售。但是現在的情形完全地不同，因為人工智慧、5G、6G 技術的發展，資通訊技術是應用在自駕車、無人機、手術機器人上。

“

「比例原則」替改變奠基 未來應用彈性加大

國際上過去對於專利保護和權利救濟上的看法，總是會認為美國和德國分別有不同的著重，認為美國法院的損害賠償金額相當可觀，德國則是在禁制令的核發對於專利權人比較有利，並且能較為快速地知道判決結果。本次研討會中有談到德國關於禁制令核發的判斷標準與最新發展，這個議題對於台灣廠商來說相當地重要，因為過去德國法院在判斷認定專利侵權後，幾乎是會自動核發禁制令，要求廠商停止販賣的侵權行為；本次德國專利法的修正，規範禁制令的核發應該要考量到「比例原則」，這是法院實務的體現，更是因應新時代及新技術發展的趨勢。

因為過去的資通訊專利技術不少是應用在手機等行動裝置上，而專利侵權、禁制令核發的結果，最終是導致手機沒有辦法在市場上販售。但是現在的情形完全地不同，因為人工智慧、5G、6G技術的發展，資通訊技術是應用在自駕車、無人機、手術機器人上，這些產品的價格相當地高，如果因為專利侵權而無法在市場上販售，則對於業者影響重大。因此本次德國專利法的修正，始認為要對於禁制令的核發，改採「比例原則」，須權衡利益得失，整體來說，此項修正是有其必要，並且影響重大。另一方面，當未來德國關於禁制令的核發要考慮比例原則時，本次研討會中，講者有提到各項審酌的因素，是相當具有參考的價值。也或許等到未來德國司法實務累積更多的案件後，可以再更進一步地區辨出哪項因素會具有關鍵性的影響。

此外，雖然過去會認為相較於德國專利訴訟，美國專利訴訟通常耗時過長、過久，但是美國發明法案（America Invents Act, AIA）引入多方複審程序（Inter Partes Review, IPR）後，使得相關的專利爭訟在行政階段解決，爭訟程序變得更有效率，在一年或是十八個月內就可以解決，因而可以相比於德國的專利訴訟程序。而美國此在專利審理暨訴願委員會（Patent Trial and Appeal Board, PTAB）所進行的多方複審程序，也是台灣近期在修正調整智慧財產案件審理制度時，所參考借鏡的對象。因此期待未來台灣此制度能具體落實並具備成效，讓專利爭訟提前到行政階段，法院後續的審理更集中。

主題四：新興產業智慧財產的解方

主持：陳桂恒

（磐安智慧財產教育基金會資深顧問）

”新興產業有新興技術，新興技術有很多困難，很多不如意的事，不同於正常的解決方法，要新的解決的方法，關鍵時刻重要講題請四位專家提供思考。“

今天主題談新興產業智慧財產的解方，新興產業有新興技術，新興技術有很多困難，很多不如意的事，不同於正常的解決方法，要新的解決的方法，關鍵時刻重要講題請四位專家提供思考。

第一個是營業秘密，聯華電子代表去年終於結束關於台灣的 Trade Secret 的訴訟。聯華是被告，卻從被告變成跟原告來和解，是非常不容易的事，張振倫將會告訴怎麼掌握營業秘密？企業該如何保己。

第二個講關係元宇宙跟 AI，所謂之「虛擬世界」，虛擬世界發生的困境，尤其在智慧財產方面。智慧財產是人類智慧的結晶，現在虛擬的人，虛擬人可不可以做專利？虛擬的人可不可以有發明？假設虛擬的人，殺了另一個虛擬人，是不是有謀殺罪呢？一連串有趣的問題，要怎麼去解決在智慧財產方面，適格性的問題。

第三個主題，是在 5G 時代的專利，SEP（Standard Essential Pattern）產生的困難，怎麼去解決？試想帶領台灣，怎麼迎向未來？

營業秘密法律、管理與保護

張振倫
（聯華電子資深副總暨法務長）

國家安全法去年修法，修正並新增有關「國家核心關鍵技術營業秘密」的條款，並且依刑度高低分為四個層級，雖然有關國家核心關鍵技術認定程序的辦法仍為草案，但此次智慧財產案件審理法的修法又將營業秘密案件的審理和國家安全法掛鉤。

以美國制度 看台灣智慧財產案件審理法修正

台灣的立法院一月份通過大修智慧財產案件審理法；包括九大修正重點，很重要的是在，今後如是營業秘密案件，由智慧財產及商業法院第一審的法庭審理；如涉及侵害國家核心關鍵技術營業秘密，就直接由智商法院第二審法院審理。

作為美國的律師，我先聊美國的受理：營業秘密法跟專利法在初審時，專利法是屬於聯邦法院管轄，一定是在聯邦地方法院，但聯邦地方法院法官並不專審智財案，法官可能今天審專利，明天審其他民事案或刑事案，基本上也沒有民庭跟刑庭的差別。營業秘密就更不用講了，營業秘密的案子有些在聯邦地方法院，也是一般法官，沒有特別專職法官；如是在州法下提出的營業秘密案件，就是由一般州法院法官來審理，這跟台灣很不一樣。

而台灣採用的，比較接近日本的專家制度，美日哪國制度好？因應國情，與法律體系緣故，日本制的確較適合借鑒；不過美國做法還是可供參考，美國有其特別的證據揭示程序（discovery），這在大陸法系是沒有的。所謂「橘逾淮為枳」，美國這套即如「它山之石，可以攻玉」，我們能當成樣本作參考。

此外，國家安全法去年修法，修正並新增有關「國家核心關鍵技術營業秘密」的條款，並且依刑度高低分為四個層級，雖然有關國家核心關鍵技術認定程序的辦法仍為草案，但此次智慧財產案件審理法的修法又將營業秘密案件的審理和國家安全法掛鉤。相較之下，美國並未把它的國家安全法和經濟間諜法如此掛鉤。個人認為，凡事一旦牽涉到了國家安全就容易因它的政治性而無限上綱，所以營業秘密法和它的案件審理，應該還是回到法律面來處理比較合宜。

專利與營業秘密 公共政策上的不同考慮

以 Public Policy Considerations，我想從公眾利益、公眾政策講述，營業秘密跟專利有哪些區別？又有什麼類似？專利最重要的是有極強的排他性，專利下的發明是公開的，這排他性是有時間限制的。營業秘密就很不一樣，營業秘密沒有保護期間的限制，只要這營業秘密未公諸於大眾，或者未被他人用逆向或還原工程破解，就可以永遠都受到保護，營業秘密既不公開又可無限延長，所以從公眾利益的角度出發，它的保護範圍不應被容許過度擴張。

專利是一個相對近代的產物，最重要的近代專利法是從美國開始的，美國專利法的法源直接來自憲法，台灣的專利法也是一樣，在憲法裡面也有法源；而且各國之間專利法的一致性，可說是所有法律位階最高的。相較下，雖然自從人類有交易行為，營業秘密就存在，可是營業秘密法就不一樣，美國的統一營業秘密法是一九八五年才終於從普通法（common law）整理出來；有些國家，比如中國大陸，至今還沒有營業秘密的專法。

定義營業秘密和不當取得營業秘密

正因營業秘密法不像專利法那樣卷帙浩繁，所以定義就特別重要。美國法律很清楚，美最高法院判例，營業秘密要有秘密性，如果是 public knowledge，或者是 general knowledge in the trade or business，就不是營業秘密。就現代的科技，如只靠營業秘密保護，是件很危險的事。技術擁有者除要保護自己的營業秘密，也應在可申請專利的範圍內申請專利，以雙軌保護自己的智慧財產權。

一項營業秘密，一旦被他人以還原工程「破解」，是否還受營業秘密法保護呢？這一點在近年國內法院的判例中似乎存在兩種不同見解；其中一派見解認為，如果該還原工程須有專業之儀器，且須透過專業人員，花費高額費用以進行長時間分析，則該技術絕非一般輕易可得知之技術，即不得認為喪失秘密性，然而這一點和美國一般營業秘密判例有異。美國目前的營業秘密法下的判斷標準，幾乎可以和專利法下的判斷標準並駕齊驅：一項發明，如果因為存在先前技術（prior art）而無法通過專利法一〇二條（novelty）和一〇三條（nonobviousness）的檢驗，就不得授予專利，即使已授予專利的，也會被判定無效；而一項技術，如果已是公眾知識或是可被第三人輕易得知（readily ascertainable），也就不應受營業秘密法保護。這一點，希望也可以作國內參考。

營業秘密的保護和預防措施

最後，回到公司經營層面，公司不只要保護自己的秘密，更重要的，要確保沒有別人的機密，可以考慮 onboard interview，確認新進員工沒有帶不該帶的資料或訊息進來。要注意，不管公司怎麼樣用各種規則管理員工，甚至有時 IT 得偵測員工有沒有不當的行為，公司一定要尊敬員工、要維護他們的尊嚴。希望員工能夠發揮智能，如果員工覺得自己像被監視似的，他的生產力（productivity）也會受損，這是每個公司都應負的責任，也是應盡社會責任的部分。

·還原工程（Reverse Engineering）：又稱反向工程，是一種技術仿造過程，即對一專案標產品進行逆向分析及研究，從而演繹並得出該產品的處理流程、組織結構、功能效能規格等設計要素，以製作出功能相近，但又不完全一樣的產品。逆向工程源於商業及軍事領域中的硬體分析。其主要目的是，在無法輕易獲得必要的生產資訊下，直接從成品的分析，推導產品的設計原理。逆向工程可能會被誤認為是對智慧財產權的嚴重侵害，但是在實際應用上，反而可能會保護智慧財產權所有者。例如在積體電路領域，如果懷疑某公司侵犯智慧財產權，可以用逆向工程技術來尋找證據。

元宇宙與 AI 科技相關專利適格性之痛點與解方

陳家駿
（臺灣資訊智慧財產權協會理事長）

”

針對專利與未來科技發展的這部分，以後這將是非常重要的一個競爭的工具，在這時刻點，台灣的業界應該好好地切進去，我也把這些相關的、適格性的東西，用簡化的方式讓更多人可以知道，來一起為這個領域做更多的準備與努力。

“

數位時代新興問題 專利科技痛點

AI 時代來臨，那所謂 AI 代表又是什麼？是現在人人都在討論的 ChatGPT 嗎？這些人工智能應用出來後，人們了解到 NLP（自然語言處理）非常厲害，把很多東西經過這些相關的 AI 的學習做轉化，經由每一分鐘同樣問題不斷提問後，答案會經由學習不太一樣，然而這轉化中間會衍生很多的問題。

按元宇宙中相關發明包含硬體、韌體、軟體等裝置，其中 AR/VR/MR、ASIC（特殊應用積體電路）、CPU 或 GPU、光學元件與系統等硬體與韌體方面，較無專利適格性之疑慮，但元宇宙中很重要的部分都是由軟體來實現，AI 簡單講就是說它的核心是軟體，它的本質就是透過這些演算法做預測、做分析，然後靠強大的運算等等，去整合它的這個電腦模型，其實就是在模擬人類，因此長久以來軟體在可專利性適格方面迭有爭議。

美國專利適格標的規範 Mayo/Alice 二步測試法

今天若要向美國專利商標局（USPTO）申請專利時，必須通過專利三性判斷審查，即第一〇一條的適格標的與產業利用性、第一〇二條的新穎性、第一〇三條的非顯而易見性，然後再加上專利說明書之第一一二條的明確性及據以實施性才能核准，其中第一〇一條可謂三性中最關鍵之門檻，一旦不通過，其餘之第一〇二、一〇三、一一二條皆毋論矣！

再者，針對新興科技發展之專利適格性議題，不論是在電腦軟體、生物醫藥或金融科技商業方法等方面，向來即受美國最高法院之關注，像歷來之 Gottschalk v. Benson、Parker v. Flook、Diamond v. Chakrabarty、Diamond v. Diehr、Bilski v. Kappos、AMP v. Myriad……等著名案例，皆見證了技術開發對專利智財之重大衝擊，而這十年來影響專利最大的，莫過於最高法院二〇一二與二〇一四年 Mayo v. Prometheus 和 Alice v. CLS 所做出二個里程碑之決定性判例，其確立出由該二案發展之「二步測試法」的法律架構（2-step patent-eligibility test），作為專利適格最重要之判斷基礎。此後要跨過適格標的之門檻，皆需通過此 Mayo/Alice 二步測試法之檢驗：

首先，確定專利請求項是否針對或指向不符合專利適格的項目，如自然法則、自然現象或抽象概念等無法予以專利者；若「是」，則對專利適格雖有欠缺，但仍應繼續進行第二步驟之判斷；

檢視請求項所有元件，無論是單獨個別考量或經處理之有序組合，其是否達到「實質上比不得予以專利之抽象概念本身還具有更多內涵」之情形；若「是」，則具備「發明概念」（inventive concept），因此可升格予以專利。亦即請求項如含有額外之附加元件（並足以扭轉其性質而達到實質上多過該不得予以專利之概念，此時就衍生出發明概念得轉化為專利適格。

簡言之，二步測試法的最終概念在於，請求項的元件或所有元件組合，是否有比原來抽象概念「實質上更多」（significantly more）的內涵呈現；若有，就意味具備「發明概念」得轉化為專利適格，而所謂實質上更多，可看成是發明含金量，像是增加電腦或網絡本身之功能性，或其相關技術領域中所產生之技術改良等。

不可預期的未來 謹慎面對並分析

總之，元宇宙中充滿各式相關軟體，包括但不限於 AR 軟體、VR 軟體、MR 混合實境軟體、3D 設計軟體、遊戲軟體、低程式碼或無程式碼平台軟體、社交與會議軟體、驅動與行銷軟體區塊鏈、加密貨幣和挖礦相關軟體。然而，當取得專利後對他人提告時，是否真能通過專利適格性之嚴格考驗，應特別著眼於克服 Mayo/Alice 二步測試法的難題，謹慎做好可能被挑戰之分析。

針對專利與未來科技發展的這部分，我現在有很多朋友，他們都已經在做 NLP（自然語言處理）相關的領域，以後這將是非常重要的一個競爭的工具，在不久的將來定會變成重要的事項必須面對。在這時刻點，台灣的業界應該好好地切進去，我也把這些相關的、適格性的東西，用簡化的方式讓更多人可以知道，來一起為這個領域做更多的準備與努力。

5G時代 標準必要專利 授權的痛點、解方

林家聖
（世博科技顧問股份有限公司董事長暨執行長）

”
可預見的未來，技術收費的時代來臨，協商仲裁需要來來回回，標準必要專利（SEP）的認知與決策，事關重要。
“

曾志偉

（世博科技顧問股份有限公司首席顧問）

”企業持續監控及分析特定技術的專利數據，可以提早知道潛在競爭者其技術與專利的佈局，以及推估接下來競爭者的商業模式可能要往哪邊變化，並提早規劃因應策略。“

5G 技術標準及產業生態系全景

林家聖：5G 市場已經開始展現其市場規模和成長潛力，並且未來前景看好，藉由 5G 技術進步（包括 B5G 和未來的 6G），使其應用已不限於智慧型手機，更持續驅動更多垂直領域與行業的廣泛應用，如智慧城市、智慧製造、企業專網、運輸、農業等。可預見的未來，技術收費的時代來臨，協商仲裁需要來來回回，標準必要專利（SEP）的認知與決策，事關重要。

5G 產業生態系由技術標準制定者、產品製造商、應用與服務提供商、標準必要專利權利人和實施者等角色構成，其產業生態系全貌與角色分工：

首先，以價值鏈觀點，包括：

1.技術標準制定者：制定 5G 技術標準並產出技術規格，並在標準制定過程中佈局相應的標準必要專利；

2.產品製造商：研發、製造、銷售符合 5G 技術標準和規範的產品，包括：通訊晶片、通訊模組、用戶裝置、基礎建設（包括：基站、核心網等）；

3.應用與服務提供商：依照各垂直領域與應用場域，以符合並相容 5G 技術標準的產品，開發並提供通訊及加值服務；

4.終端用戶：使用 5G 產品與服務的企業用戶或個人用戶。

又以標準必要專利觀點，包括：

5.標準必要專利權利人：擁有5G標準必要專利的角色。

6.標準必要專利實施者：生產、銷售、使用符合5G技術標準的產品與服務的角色。

5G標準必要專利權利人與實施者間的相互關係即標準必要專利授權，需特別注意的是，標準必要專利授權協商過程與爭議處理，當事人均需共同遵守FRAND原則，即公平合理非歧視，若未能遵循FRAND原則，權利人會面臨違反競爭法、反壟斷調查的罰款、實施者則面臨禁制令使得產品服務無法產銷、專利侵權損害賠償等不良後果。

5G標準必要專利授權 已知痛點為何？

然而，隨著5G技術逐漸普及，專利授權協商仍存在不少爭議和痛點，例如：

1.公平合理非歧視：對於符合FRAND條款的授權條件仍缺乏共識，使得授權談判複雜化。

2.資訊不對稱：授權談判所需事實基礎的專利數量及價值、品質須仔細檢驗，避免權利人過度宣告（Over-Declaration）標準必要專利的雜訊，造成不合理交易條件。

3.專利箝制（Patent Hold-Up）：權利人以專利侵權的禁制令的威脅並強勢施壓，迫使實施者被簽下不利的授權條件。

4.專利反箝制（Patent Hold-Out）：實施者預期權利人向法院請求核發禁制令不被允許，而未帶善意地拒絕或拖延談判。

5.權利金費率：授權案例商業條件多屬保密，難作為比較授權方法的計算參考；由上而下方法又繫於標準必要專利的品質、價值不一，非單純套用公式即可簡單得出共識。

6.可觀授權談判成本：除了談判時間，訴訟、調解、仲裁等方式的成本也需考量，雙方可能負擔可觀的費用。

5G 標準必要專利授權 解方在哪？

5G 標準必要專利授權的爭議處理，令權利人和實施者耗費了大量時間與金錢，為了 5G 產業健全和諧發展，對於 5G 標準必要專利授權痛點的對策解方，茲提出以下建言：

1.權利人和實施者應共同遵循 FRAND 原則，以友善且高效的方式進行談判，達成互贏共識，減少甚至避免法律爭訟的資源消耗。

2.以終為始，首先應明確釐清想要達成的目的和結果，再逐步逆推：需要哪些行動才能達成目的？要做哪些決策才能為每一行動提供指引方針？要做出合適決策需要具備哪些正確認知？都需要一一規劃。

專利數據利用 掌握商業模式

曾志偉：專利除上述應用外，智慧財產對企業要產生價值，大概可以分成兩個面向，其中之一是智慧財產權本身的價值，包含專利侵權訴訟或是換取授權金等等的價值；但是，其實智慧財產還有另外一個面向，就是分析這些智慧財產數據，尤其是專利數據對企業產生的價值。

另外，則是智慧財產後端或是專利後期階段的營運與運用部分，比如可以用專利權人的數據去分析你的潛在競爭者在技術上的佈局跟商業模式的變化。例如二〇一八年中國的蔚來汽車推出了電動車 EV 換電的商業模式，若分析電動車推出前，蔚來汽車的專利數據，可以發現從二〇一六年到二〇一八年底，在電池模組專利部分，大概申請了兩百多件專利。

所以，如果企業持續監控及分析特定技術的專利數據，可以提早知道潛在競爭者其技術與專利的佈局，以及推估接下來競爭者的商業模式可能要往哪邊變化，並提早規劃因應策略，是專利數據分析本身對企業產生價值的方式之一。

綜合討論

王偉霖

（工業技術研究院技術移轉與法律中心執行長）

”要探討的是智慧財產營運並不是容易的事。“

「智財營運成敗關鍵」，要探討的是智慧財產營運並不是容易的事，許多企業累積很多的智慧財產，卻並沒有創造出相對的營收，是很浪費資源的。

所以智慧財產的營運到底有哪些成敗關鍵？在目前智慧財產的營運發展越來越多元，在全球營運的方式多樣化情況下，台灣要如何掌握先機，在議題上超前部署，值得產業與政府投注心力。

盧文祥

（磐安智慧財產教育基金會資深顧問）

”智慧財產營運的成敗關鍵，可以從一般的人、事、時、地、物這幾個方面來觀察，也可看出其中成敗的機會。“

無限應用的智財權 從無形到有形？

我們都知道智慧財產是無形資產，怎麼樣把它變成有形的呢？就是要把它商品化以及產業化，這是企業藉由智慧財產所能創造最大營收的商業模式，也是企業追求經濟利潤及市佔優勢的一種方法。我個人不管在早期擔任法官、檢察官的期間，或是後來擔任智慧財產局副局長的任內，對智慧財產的司法保護和行政保護不落人後，但是對於智慧財產營運這塊，卻沒有太多實作的經驗。

我僅引用大家敬重、懷念的周延鵬律師，書裡面的一段話闡述智財權的營運，「我們知道智財營運的型態可以有無限的空間，包括了買賣轉讓、授權技轉、融資擔保、技術標準、專利聯盟、侵權訴訟、技術服務、作價投資，主要就是要看每個企業怎麼樣設計他智慧財產權的交易模式。透過智慧財產的行銷，他可以使得有形資產的市佔率以及獲佔率得以提升，並且彰顯智慧財產在有形財產的效用，確保企業可以維持獲利並且長久經營。」

成敗五關鍵 人、事、時、地、物

說回智慧財產營運的成敗關鍵，可以從一般的人、事、時、地、物這幾個方面來觀察，也可看出其中成敗的機會。首先我們講到人，應該包含的是一個不同專才，但是可以跨領域協調的經營團隊。其次講到物，也就是研發出來的智慧財產，不但要創新且要好用，比如 ChatGPT3.5 版人工智慧的聊天機器人，竟然可以在短短的兩個月衝出破億人的使用者，裡面所含有大量研發技術就是關鍵。光是講剛才的人跟物這兩個部分，就大致可以看出智財經營的成敗，可以說是大家應該了解以及認識的重中之重；其他的時、地、事都是要相應的配合掌握。

簡而言之，智財權營運就是要讓你研發出來的智慧財產價值最大化，不只能夠滿足客戶以及一般消費者的需求，更要使公司的利潤達到最高點。

樊治齊

（亞太智慧財產權協會 APIPA 創會顧問）

“成功的要素，其實一句話就是「需要高階主管的支持」。”

三十五年經驗 智財營運成功需高階主管支持

Successful Factors 其實是可以講一個學期的課題，但濃縮成一句話，就是「需要高階主管的支持」，這個是我三十多年來在工業技術研究院技轉中心處理智慧財產事務的觀察。

談到 IP 營運的 Successful Factors，需要先去定義「營運」這兩個字，是要建構呢？還是要換價？這兩個定義決定了不同的實施辦法與策略。若是換價，那就是更進階的課題，不只是建構產出、保護、運用的流程及組織，甚至還要考慮「商業模式」，如何運用 IP 讓它的價值及價格最大化。這都是技術問題，請教專家不難解決，核心關鍵還在於高階主管的關切。

為何智財營運成功需高階主管支持，至少有幾個根本原因：

1. IP 的營運績效不是立竿見影，需要時間經營，如果沒有高階主管的支持，不容易堅持到完成。
2. IP 的營運，是需要相當的經費，例如專利的申請維護維權都是支出，這些經費如果沒有高階主管支持，很可能被挪做他用。
3. IP 的營運必須要有共識，這個共識不只是經營團隊的共識，而是整個企業，每個員工的共識。沒有高階主管的要求與誘因，共識不容易建立，更遑論實踐。

思考這些關鍵因素的意涵，一起共同努力。

徐弘光

（銨田智權有限公司總經理）

“專利的智權營運的成敗關鍵，在怎麼樣去追蹤自己技術的精進、追蹤競爭對手技術的演變、進而去調整自己的專利佈局。”

成敗關鍵 成本與效益

我想從研發、公司的角度，分享這幾年遇到的一些狀況跟經驗。現在越來越多的公司，手中擁有很多很多的專利，但這些專利要用時，其實無法發揮功能，如果談到營運成敗的關鍵，我認為重要的是，怎樣去顧及專利的成本和效益。成本就是說申請的時候花了多少錢；效益則是說用在市場上、談判上，能不能形成一個進入障礙（barrier），能維持市佔率之外，也能夠同時收取到權利金，就會是專利的兩種效益。成本與效益的衡量，是我們在專利營運上的成敗關鍵。

企業需上緊發條 注意競爭對手在技術與產品上的變化

然而，企業很容易忽略的兩件事。第一，就是說當專利申請後，申請出去後可能就沒有去重視專利答辯（Office Action）的過程、甚至在權利獲得的過程，沒有去注意自己內部的研發方向可能有一些技術已經變動了，導致最後的權利拿到可能跟產品不一樣，發生專利恐怕無法保護現有產品的窘境。另外，則是忽略市場環境的變動；一個專利除了要保護自有的產品之外，也希望能夠比自有產品範圍大一點的領域上去構建一些進入障礙，但常常公司沒有注意競爭對手的產品在哪些領域侵害了自身權利。

我覺得台灣公司在這部分是可以再多加努力的，因為當專利申請出去，如果技術改動了、產品改動了，但專利沒有相應的去進行適應性的變化與更動的話，最後是沒有辦法保護自有的發明。

專利的智權營運的成敗關鍵，在怎麼樣去追蹤自己技術的精進、追蹤競爭對手技術的演變、進而去調整自己的專利佈局，這是我這幾年來觀察到需要注意的攸關成敗關鍵。

徐歷農

（孚創雲端股份有限公司董事長暨執行長）

”不論在智慧財產營運甚至現代企業營運，情報都扮演關鍵角色。“

情報影響未來 掌握機會回歸基本

孚創雲端的智慧財產營運經驗，多與軟體與資料授權（Software & Data Licensing），甚至未來是人工智慧模型授權（Model Licensing）有關，較偏重軟體與人工智慧公司的經驗。認知對不同行業的研討、參與者都有參考性，依據多位講者的經驗分享，歸納為：掌握關鍵情報。

不論在智慧財產營運甚至現代企業營運，情報都扮演關鍵角色。除了對內部智慧財產資訊的管理外，其實更關鍵的是對外在環境，也就是整個開放創新生態系（Open Innovation ecosystem）的掌握。

情報需求推動了巨量資料與人工智慧技術發展，但回歸到企業營運，資訊技術的演進，只是輔助角色，真正的核心是經營團隊，才是推動一切的根本。掌握與應用關鍵情報，其實並不脫離經營的基本功，即在中高階主管決策、組織營運流程中如何落實量化與數字管理，以及如何納入更多外部環境的情報。每當新機會湧現，基本功的落實，考驗不同企業能多大程度善用並轉化商業成果的關鍵區別點。

李香蘭

（ScienBiziP Japan 株式會社副社長）

“在不同領域的相關廠商需要共同整理標準、必要專利運作的方式和論點，並要一同推進研究，來建立共同的認知和了解如何運營智慧財產是非常重要的因素。”

共同目標　共享科技未來

我的公司 ScienBizip Japan 是從夏普智慧財產部門分離出的公司。在夏普的早期，智慧財產運營方式主要是被動的，目的是為保護自己的產品和防禦第三方的攻擊。但隨著時間的推移和智慧財產運營方式的改變，夏普開始積極主張自己的專利權。隨著通訊技術的發展和普及，我們的技術投入和相關標準必要專利的數量也隨之增加，授權對方也從終端產品商擴大到供應商，從通訊廠商擴大到了其他的不同領域廠商。

我認為在不同領域的相關廠商需要共同整理標準、必要專利運作的方式和論點，並要一同推進研究，來建立共同的認知和了解如何運營智慧財產是非常重要的因素，也就是公司智財營運成敗的關鍵。針對這些問題政府、研究機構、大學的參與也非常重要。只有在此基礎上，才可以降低工業界的交易成本，避免不必要的訴訟和糾紛，並促進技術的發展和創新。

曾志偉

（世博科技顧問股份有限公司首席顧問）

“我想呼籲大家必須知道的事實，是中國已經宣示智財政策的重大改變。”

中國政策改變 台灣企業需有因應

最後在此要提醒，中國在二〇二一年發布了知識產權強國建設綱要（二〇二一～二〇三五），是非常重大的轉變，台灣需特別注意中國方面的政策變化。從兩個面向談起，首先是，中國要從知識產權的大國變成知識產權的強國，從追求專利的數量到要求專利的品質；另一面向就是未來政策導向轉變為鼓勵中國企業能在中國跟海外主張權利，例如專利維權或商標維權。也就是從原先的注重專利申請數量改為注重運用，而且也不只是要求維權，還進一步要求如質押融資的金額，並增加快速維權的手段，比如在綱要內的工作重點，也包含縮短維權案件審理的時間。

我想呼籲大家必須知道的事實，是中國已經宣示智財政策的重大改變，如這政策導向與後續執行具體落實的話，接下來如果台灣企業沒有因應與防備措施，也許未來是會被中國公司在中國或海外主張侵權並收取授權金的。這個現象會不會發生，還在密切觀察，但值得所有人一同注意。

結語

余範英：三十多年前台灣正處於經濟蓬勃發展，工研院吸收四百多位專業人才從國外回來，院長受到立法院以人資超預算諸多杯葛。當時我在工商時報，也覺得需大聲呼籲台灣需要專業人才，支持智慧財產有價化，那個時期講那些話，聽懂的人不多，與工研院著手規畫研討會讓更多人理解，邀得劉江彬教授回國引領參與多年，進而結識周延鵬律師，這位對智慧財產官學界帶來推動學研與實務結合，有前瞻與時俱進的教授。

劉江彬：我一九八五、八六回台大當客座副教授的時候，那個時候其實很少人在講智慧財產，特別是跟高科技有關的，我和周延鵬就是那時候相識的，我到哪裡演講，他就跟到哪。後來，我成為他學術界的伯樂，正

逢他退休之際，我力勸他到政大教書；他一直都在實務界、在鴻海，經歷黑手的過程，跟企業打仗，在郭台銘底下做事情不容易，我一直認為，他這種背景在學術界欠缺。學術界講的話多、理論多，實務經驗比較少，周延鵬的經歷，絕對能啟發台灣很多的地方。

余範英：面對科技進步的時代，台灣企業需要大量談判、技術人才，要有延鵬看事情的角度，他跟一般人很不一樣，在鴻海打磨淬練多年講實務；他主張垂直與橫向分工並存，知道公司經營在科技發展中，經營者所要碰到多面向的challenge，他的思考是從承擔經營角度延伸出的。

劉江彬：今天這場研討會，我帶來訪的國外法官、教授去見我國司法院院長、幾位大法官、廳長、秘書長，因為台灣將開始做很重大的變革。立法院今年一月十二日三讀修正通過《智慧財產案件審理法》，是該法實施十四多年來，變革幅度最大一次；此次修法，從高科技產業的「護國神山群」，到一般傳產公司，企業的研發、製造、銷售等活動，都將有強而有力的法律程序當後盾，未來除能加速審查機制，更可彈性因應企業即時取得權力的需求。

余範英：這是長久以來我們一直努力，希望看到的成果與改變。延續周延鵬的精神，這課題必須有人繼續，延鵬所帶來的專業精神與實質改變，在多變化的局面裡，期待下一代菁英與專利律師堅持以最高標準，為人 文社會成就科技創新，帶領台灣迎戰新世界。

（本篇由二〇二三年二月二十四號「國際智慧財產最新趨勢及因應」國際研討會集結而成。）

策畫、整理：黃鈺安

後記

黃鈺安（余紀忠文教基金會研究企劃）

二〇二〇年新冠疫情爆發，全球遭受重大改變，社會充斥一股迷茫、徬徨的氛圍，這段時期，也被稱「憂鬱時代」，尚在探索世界的我，也在這段期間在基金會開始學習。像大多數的年輕人一樣，初期對公共政策懵懂無知，看不透國際局勢險峻與政治角力紛擾，幸得眾多產、官、學界的老師們，無私分享經歲月洗禮，對國家治理的經驗與專業，提出對台灣未來務實的規劃及願景，結合議題、開拓視野，更讓人深刻體會過去的台灣，是由眾多先進前輩，一同負重前行，扛下時代考驗，走出一條自己的道路。

整理老師們參與研討會，互相激盪的路程中，除不斷思考何謂「公」與「義」的精神，更深刻感受，諸位老師們，數十年如一日，對社會公平、民主正義的堅持不懈。在數位浪潮席捲下，看錢永祥老師以公共道德為出發，展現社會公民盡己任的韌性；見王健壯老師「筆則筆，削則削」，以老派媒體自居，監督政府數十年如一日的風骨。這些堅守信念、不忘初衷的身影，鼓舞著包括我的年輕世代，在挫敗中不輕易放棄、懈怠，勇敢向前、持續努力。

書寫後記期間，ChatGPT 的 AI 浪潮正席捲全球，科技便利的迅速，使人與人之間遺失了溫度；慶幸的是這重要的時刻，有耕耘數位產業多年的史欽泰老師、郭耀煌老師、呂學錦老師，以前瞻思維帶領關心社會脈動的我們向前，能夠在一旁結合、整理本書，著實榮幸。

感謝基金會歷任夥伴東伯、祉維、彥彤，一同討論與學習成長，更感謝余小姐給予一個能貼近泥土、連結社會的空間與機會。

時代的浪潮，盼這些老師的指引能再次捲起千堆雪，讓天才群聚而來。

余紀忠文教基金會叢書61

數位浪潮：科技，衝擊制度文明

作　　者：余紀忠文教基金會
策畫整理：黃鈺安、陳東伯、湯晏甄
執行編輯：黃鈺安、謝翠鈺
封面設計：陳文德
美術編輯：趙小芳
出 版 者：財團法人余紀忠文教基金會
地　　址：臺北市大理街一三二號
專　　線：〇二二三〇六五二九七
初版一刷：二〇二三年四月十四號
定　　價：新臺幣四二〇元